U0615839

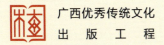
广西优秀传统文化
出版工程

"考古广西"丛书

古窑址的
余温

何安益 由 丹 著

扫码获取更多资源

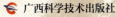
广西科学技术出版社
·南宁·

图书在版编目（CIP）数据

古窑址的余温 / 何安益，由丹著 . -- 南宁：广西
科学技术出版社，2024. 12. --（"考古广西"丛书）.
ISBN 978-7-5551-2339-2

Ⅰ. K878.54

中国国家版本馆 CIP 数据核字第 20248SG931 号

古窑址的余温

何安益　由　丹　著

出版人：岑　刚	装帧设计：刘瑞锋　阳玳玮　韦娇林
项目统筹：罗煜涛	排版制作：黄璐霜
项目协调：何杏华	责任校对：郑松慧
责任编辑：罗　风　邓　霞　朱　燕	责任印制：陆　弟

出版发行：广西科学技术出版社

社　　址：广西南宁市东葛路 66 号

邮政编码：530023

网　　址：http://www.gxkjs.com

印　　刷：广西民族印刷包装集团有限公司

开　　本：889mm×1240mm　1/32

印　　张：5

字　　数：108 千字

版　　次：2024 年 12 月第 1 版

印　　次：2024 年 12 月第 1 次印刷

书　　号：ISBN 978-7-5551-2339-2

定　　价：32.00 元

版权所有　侵权必究

质量服务承诺：如发现缺页、错页、倒装等印装质量问题，可联系本社调换。

服务电话：0771-5871817

总 序

　　在中国辽阔的南方边陲，广西这片被自然与人文双重雕琢的神奇土地，自古以来便是中华民族多元文化的交流、交往和交融之地。它不仅是中华民族多元文化璀璨共融的见证者，更是文化的建设者和传承者。这里，山川秀美，草木葳蕤，河流纵横，众多民族在这里和谐共融、安居乐业，留下的丰厚历史文化遗产，成为中华文明不可或缺的一抹亮丽底色。

　　在古老而又充满活力的八桂大地上，有无数珍贵的文化遗产。它们或隐藏于幽深的洞穴，或散布于辽阔的田野，或依偎在蜿蜒而过的河边，或深藏于繁华的闹市……这些宝贵的文化遗产，是社会发展轨迹和文明进程的缩影。它们不仅见证了广西悠久而辉煌的历史，而且还蕴含着古人的智慧和精神，是我们根系过去、枝连现在、启迪未来的重要财富，更是我们文化自信的重要来源。

　　站在新的历史起点上，文化自信被赋予新的时代内涵和历史使命。党的二十大报告指出，要坚守中华文化立场，提炼展示中华文明的精神标识和文化精髓，加快构建中国话语和中国叙事体系，讲好中国故事、传播好中国声音，展现可信、可爱、可敬的中国形象。党的十八大以来，习近平总书记三次深入广西考察调研并发表重要讲话，充分体现了以习近平同志为核心的党中央对广西工作的高度重视和对八桂各族人民的深切关怀。2017年4月19日，习近平总书记在广西考察的第一站，就是合浦县汉代文化博物馆。习近平总书记在考察中指出，中华民族历史悠久，中华文明源远流长，中华文化博大精深，一个博物馆就是一所大学校。要加强文物保护和利用，加强历史研究和传承，使中华优秀传统文化不断发扬光大。广西优秀传统文化是中华文明宝库中的璀璨明珠，深受中华文化的滋养，同时又展现出鲜明的地方特色。广西优越的地理位置赋予了其独特的地位和重要的历史定位。自秦代以来，灵渠、海上丝绸之路的开通，使广西成为"北上中原，南下南洋"的交通要道。广西利用自身的地理位置优势承接了国家对外经济文化交流的重任，同时形成了独具特色的地方传统文化。广泛分布且各呈异彩的不同时代的文化遗产，承载着灿烂文明，成为今天见证历史，服务国家、民族发展大略，服务经济社会发展，凝聚民族团结之力，提升民族自信心的重要载体。

文化自信是一个国家、一个民族发展中最基本、最深沉、最持久的力量。2020年9月28日，习近平总书记在十九届中央政治局第二十三次集体学习时的讲话指出，"考古发现展示了中华文明的灿烂成就。我国考古发现的重大成就充分说明，我国在新石器时代、青铜器时代、铁器时代等各个时代的古代文

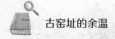

明发展成就上都走在世界前列，我国先民在培育农作物、驯化野生动物、寻医问药、观天文察地理、制造工具、创立文字、发现和发明科技、建设村落、营造都市、建构和治理国家、创造和发展文化艺术等各个领域都取得了令人赞叹的成就。这些重大成就展示了中华民族开拓创新、与时俱进、自强不息的进取精神，是蕴涵着丰富知识、智慧、艺术的无尽宝藏，是坚定文化自信的重要源泉"。广西自古以来便是多元文化共融的热土，其丰富的文化遗产是中华优秀传统文化的重要组成部分。为贯彻落实党的二十大精神和习近平文化思想，实施中华优秀传统文化传承发展工程，传承地方文脉，凝聚思想共识，增强文化自信，广西壮族自治区党委宣传部指导策划，广西出版传媒集团组织广西科学技术出版社编创团队编辑出版"考古广西"丛书。

"考古广西"丛书作为"文化广西""非遗广西""自然广西"等丛书的延续和拓展，被列入广西优秀传统文化出版工程。该丛书共10个分册，以翔实的考古资料和多位考古专家多年的研究成果为基础，全面梳理广西的考古遗存，以通俗易懂的语言和大量宝贵的图片，展示广西从旧石器时代至明清时期的最新考古成果和文化遗存，具体包括史前洞穴遗址、贝丘遗址，秦汉时期的城址，唐宋时期的窑址，世界文化遗产花山岩画，明代的靖江王府与王陵，明清时期的边海防设施，以及各时期的墓葬等。丛书集专业性、科普性、趣味性、可读性于一体，深度融合考古学、历史学、地理学、人类学、民族学、社会学等多学科的内容，高度凝聚考古专家多年的研究成果和心

总序

血，深入解读广西文化遗存蕴藏的厚重历史，生动展现广西考古、广西文物的时代价值，向世界传播广西声音，展现广西文化魅力，让更多人了解和认识广西，进而增强民族自豪感和文化自信。

提升公众保护文化遗产的意识和素养，传承民族的记忆与文化的精髓，不仅是每一位出版人的初心与使命，更是时代赋予我们的神圣职责。"考古广西"丛书不仅是对广西考古工作成果通俗化的全面展示，而且也是向世界递出的一张亮丽名片，让世人的目光聚焦广西，感受这片土地独有的文化韵味与魅力，以此增强广西的文化自信，提升广西在国内外的知名度和影响力，为广西的文化建设和社会发展注入强劲动力。"考古广西"丛书的出版还是深化全民阅读活动、提升公众文化素养的重要举措。它鼓励更多人走进历史，了解文化，感受古人的智慧与汗水，从而在心灵深处产生共鸣与回响，激发全社会对传统文化的兴趣与热爱。通过这一窗口，广西得以向世界讲述中国故事，展现中华文化的博大精深与独特魅力，促进不同文明之间的交流与互鉴。

"考古广西"丛书寻根探源，传承文化精髓。新征程上，我们以书为媒，共赴考古之约，让宝贵的文化遗产在新时代熠熠生辉，助力民族文脉薪火相传，为中华民族伟大复兴贡献文化力量。

丛书主编　林强

2024 年 9 月

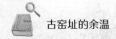 古窑址的余温

"窑"变万千的八桂艺韵

扫码查看

古老师

AI广西考古研究员

陶瓷百花齐放
物以载道，
映照历史风云。

窑火生生不息
古窑寻根，
匠心薪火相传。

文脉千载传承
掘掘故事，
品味广西文韵。

广西最早的陶器是何时发现的？中国「四大名陶」是指哪些？7×24小时，随时提问。

目　录

古窑址的余温

隋唐五代：
从陶到瓷转变开启瓷业之争　067

宋元时期：
盛世瓷宴铸实陶瓷之路　093

明清时期：
不熄窑火照耀边疆繁盛　127

后　记　149

目录

扫码获取更多资源

综述：万年窑火映广西

广西，地处中国南部边疆，南部濒临北部湾，并有雄伟的友谊关镇守着中国的南大门；北为东西横亘的五岭山地，气势磅礴，宛如天然屏障，以其连绵起伏之势阻隔南北地理，塑造了独特的人文历史；西处地势高耸的云贵高原边缘地带；东邻广东，两地文化和经济交流密切；中间为大瑶山、十万大山盘踞南北，形成岭南东西之分。

整个广西地势西高东低，北高南低，境内以丘陵、山地和岩溶地貌为主，河谷平原少；山脉连绵起伏，沟壑纵横，错综分布，蔚为壮观；绚丽的溶洞和曲折蜿蜒的地下暗河密布，令人赞叹；主要河流向东汇聚，涌入大海。广西整体呈现出一种向东开放但相对半封闭的地理环境特征。如此独特的地理单元，造就了广西独特的自然环境和人文历史。多年考古工作证实，史前时期的广西先民，无论是日常生活还是身后安息之所，都与岩洞紧密相连。

正是由于这种独特的地理环境，在漫长的历史进程中，广西乃至岭南地区被中原封建帝制统治阶层视作"南蛮之地"，缺乏礼教文明，属于未开化之地。可事实真相是否果真如此呢？对于"南蛮"这顶帽子所带来的偏见，我们又该如何去化解，还广西一个客观、公正的评价，从而为其正名呢？

中华人民共和国成立之前，著名考古学家、古人类学家裴文中先生曾多次来到广西考察，并在洞穴中发现众多史前人类足迹。而在同一时期，为驳斥"彩陶文化西来说"，第一代中国考古学家已通过考古学方法发掘多处考古遗址，并从中发现了大量陶器标本。通过对这些考古遗址的精心发掘及所获取的丰富物证，考古学家成功复原了历史的真实面貌，有力地佐证了我国百万年人类史、一万年文化史、五千年文明史。

中华人民共和国成立后，广西迎来了新的发展契机，有了自己的博物馆，组建了自己的考古队伍。当时百废待兴，社会主义文化建设的重要性同样不容忽视，这迫切需要考古工作者积极行动起来，奔向田野，求证于荒原。于是，广西第一批考古队员纷纷背起行囊，踏上了艰辛的考古征程。他们不辞辛劳地穿梭于山间林间，攀爬在峭壁之上，出入于洞穴之中，凭借着坚定的信念和对文物考古事业的热爱，不断取得重大收获。他们接连发现了一大批极具价值的考古遗存，并通过发掘工作，获取了大量的实物标本。一项项珍贵的考古成果犹如一部部鲜活的史书，力证所谓"南蛮之地"的广西实则"不蛮"的历史真相。

首先是 1958 年在广西柳江县出土中国早期现代人鼻祖——柳江人的头盖骨化石；接着是 1973 年发现的百色盆地旧石器，把广西历史推至约 80 万年前；随后是在桂林甑皮岩和庙岩发现的万年前的陶器，为中国最早的陶器之一……其实，不仅广西有着众多令人瞩目的考古发现，与广西相邻的广东同样也有一系列重大考古成果。整个岭南地区，特别是广西，已然成为研究中国早期人类起源、人类科技发展史、物质文化史等方面的

柳江人头骨化石

百色旧石器——手斧

重要区域之一。

作为田野考古分支——陶瓷考古，是人类科技发展史和物质化文史的重要内容，过去是单一研究陶瓷器技术问题，近些年来，已从专门的技术研究上升到文化研究。"中国"和"瓷器"的英文单词都是"CHINA"，由此可见瓷器与中国的紧密联系。中国从汉代"丝绸之路"开始，便不断地向海外输出陶瓷器，至元明清时期，中国的瓷器生产达到世界巅峰水平。中国所生产的陶瓷器已从最初单纯的生活器具逐渐演变成备受珍视的艺术品，许多海外商人纷纷从景德镇进口瓷器。这些瓷器进而成为海外贵族阶层所追捧的"奢侈品"，而瓷器也因此成为"中国"的代名词。

因此，中国陶瓷的发展史，其实就是中华优秀传统文化向外传播的历史，是物质文化史的重要组成部分，亦是物质文化史研究的重要内容。陶瓷器生产自然绕不开窑炉。考古发掘的每一处陶瓷窑，皆如一位说书人，娓娓诉说着一段段尘封的历史故事。在那一处处岁月痕迹中，我们得以窥见历史发展的脉络，进而了解中国古代科技史。

本书以广西窑址考古发现为依据，完整勾勒出史前至明清时期广西陶瓷业的发展历程：从万年前甑皮岩先民的"陶雏器"烧制，到东汉晚期成熟瓷器的诞生，再到宋元时期青瓷和青白瓷的繁盛，直至明清时期的衰落与转型，揭示古代窑火如何映照出地方经济的起伏、文化交流的轨迹，以及手工业技术随时代变迁的印记，旨在让读者了解广西陶瓷发展史的同时，真正了解广西"南蛮不蛮"的历史真相。

考古发现，中国最早的陶器在江西万年县仙人洞遗址出土，距今约 2 万年。另外，在湖南道县玉蟾岩遗址发现了距今 1.8 万年的陶器。

江西仙人洞遗址陶器

湖南道县玉蟾岩遗址陶器

　　2001 年，桂林甑皮岩遗址出土了一块距今 1.2 万年的陶片，考古工作者称之为"陶雏器"，认为其是岭南陶瓷器之祖。"陶雏器"的创烧成功，仿若一颗奇妙的种子，在之后数千年的发展中逐渐开花结果。广西先民在万年窑火传承的基础上，频频创造奇迹。广西陶瓷器生产技术日臻发展，陶瓷器产品遍及八桂大地，以星星之火，形成燎原之势。如广西北部南岭腹地资源晓锦的先民，有的正忙于烧造带有绳纹、水波纹或曲线刻划纹的夹砂陶器，有的则捧着盛满自产的高山大米饭的圈足或圜底陶碗悠然自得地品味。邕江两岸的先民，则坚守朴素的传统，把夹砂绳纹圜底陶坚持到底，为了烧出一顿鲜美的河鲜大餐，他们会特地在陶器中加入云母和细沙颗粒，因为这样烧造出来

综述：万年窑火映广西

资源晓锦遗址的平地堆烧遗迹及出土的陶器

的陶器质地坚硬、密度高。慢慢地，他们打造出了"顶蛳山文化"的繁荣盛世。

史前时期的广西，自然资源丰富，地广人稀，没有黄河流域和长江流域高度社会竞争的态势。广西的先祖们不仅可以到山里打猎和采摘野果，还可以在江河里打鱼或捕捞介壳类水生动物。他们随遇而居，悠然自得。但随着黄河流域和长江流域迈入国家文明，距今 4000 年前后，大禹建立夏朝，之后商汤建立商王朝，至西周礼制的确立，这种生活发生了改变。整个社会生产力大大提高，青铜器大量使用，东南沿海一带原始瓷兴起。进入东周后，礼乐崩坏，社会制度纷乱，出现诸侯争霸天下的格局，至战国七雄混战，社会重构开始。

在此背景下，岭南东西、南北在陶瓷器制作上的差异性加剧。特别是广东区域，在两周时期普遍使用几何印纹硬陶和原始瓷，甚至出现烧造几何印纹陶和原始瓷的窑址。而同时期的广西，在桂东北区域虽然也使用几何印纹陶，如贺州出土的春秋时期的夔纹硬陶罐，但均未见该时期的陶窑。桂南和桂西南区域，夹砂陶呈现最后的辉煌。

当然，社会前进的步伐不可阻挡，国家统一的趋势也不可逆转。大致在战国中晚期，广西终于出现文化统一的趋势。如平乐银山岭战国墓、贺州道石战国墓、岑溪糯峒战国

广东博罗横岭山墓随葬的几何印纹陶（左）和原始青瓷（右）

　　综述：万年窑火映广西

广东虎头埔烧造几何印纹陶的陶窑

广西贺州桂岭出土的夔纹陶

墓、北流战国墓等墓葬出土的随葬品，无论是在青铜器还是在玉器的制作上，都呈现出高度的相似性和一致性。特别是出土的原始瓷，各方面差异较小，整体呈现出文化高度统一的特点。

平乐银山岭战国墓出土的瓷器

武宣勒马古城出土的瓷器

合浦双坟墩墓出土的瓷器

武鸣安等秧战国墓出土的瓷器

广西出土的战国时期原始瓷

　　东周诸侯混战后，整个中国吹响了大一统号声。秦朝最终统一了岭南，并在岭南推行郡县制。汉武帝元鼎六年（公元前 111 年），汉王朝平定南越后，再次对岭南设置郡县，促进岭南发展。自合浦郡设海上丝绸之路始发港后，广西开始出现海外文化元素，如合浦汉墓中出土有波斯陶器。秦汉在把岭南纳入统一国家管理模式的过程中，也把先进的陶器技术带到了这里，由此出现了汉式的原始瓷、硬陶，并且陶器类型丰富多彩，组合多样，功能分化。以梧州富民坊汉代窑址为例，其窑炉开始采用北方传统的马蹄窑，但同时也大量生产具有岭南文化特征的传统方格纹陶釜。而在桂北区域的灵川县大圩镇上力脚村马山一带，也烧造了大量汉式的陶器和原始瓷，窑炉则采用南方传统龙窑。此时期的陶器，总体特征趋向汉式，并逐步向瓷转变。

合浦出土的波斯陶

贵港出土的汉代原始瓷和硬陶

东汉末期至三国初期，包括广西在内的岭南地区出现青瓷器和早期白瓷。特别是早期白瓷，是岭南的特色产品，在广西合浦和贵港出现较多，但器物造型依然具有汉文化特征。这表明，此阶段经过大一统后，广西本土的物质文化表现逐步趋同中原，如建筑材料陶瓦、陶砖形制上基本与中原无异，当然装饰上依然存在一些区别。建筑材料如此，日用生活器具也是如此。秦统一岭南前，岭南区域广泛流行的是"米"字纹、夔纹陶、篦纹、水波曲线和方格或圆形戳印纹等几何印纹硬陶。汉武帝平定岭南后，此类纹样逐步消失，器物上更多的是方格印纹加菱形戳印纹，而且常见草木灰落灰釉。

贵港贵城遗址出土的建筑材料

因此，秦汉时期，包括广西在内的岭南区域，陶器技术处于一种守正与革新的阶段，既有对传统夹砂陶技艺的坚守，又有时代变革洪流下对新事物的接纳。与此同时，随着南北交流加深，不少中原汉人迁徙至岭南，逐渐形成中原汉人、岭北南迁越人、岭南越人在变革中不断融合发展的趋势，岭南在统一国家制度下呈现出民族融合的良好态势。

三国两晋南北朝时期，岭北区域政局动荡，反衬出岭南区域的稳定和繁荣发展。广西陶瓷业发展进入新的阶段，陶器或汉原始瓷器被瓷器取代，传统陶器制作技艺也慢慢被新技术替代。考古发现证实，在南朝晚期，广西出现了真正意义上的瓷业生产活动。这一发现与以往仅在遗址或墓葬中见到的瓷器实物有着本质上的区别，因为它标志着广西瓷业本地化生产的开启，而非只停留在物品交流的层面。随之迎来的将是手工业技术的变革，新技术体系的创新发展，还有文化认同的新高度。

桂林桂州窑是这一时期的代表。桂州窑于南朝晚期始烧，延续至北宋方废弃。考古发掘发现，桂州窑早期烧造类似江西洪州窑和湖南湘阴窑青瓷风格的产品，而其窑炉既有南方龙窑的特征，也有北方马蹄窑的特征。另外，其出土的窑具，如三叉形支钉、伞状支具等，具有明显北方元素。从器物上看，青釉的盘口壶、敞口碗、砚台、高足杯等具有湖南元素，而高圈足盘则具有长江流域典型产品的特征，常见于湘阴窑和洪州窑，这类器流行于南朝至初唐。

隋唐五代，南北两地开始呈现瓷业竞争的局面。例如，桂东北的桂州窑，其烧造生产从隋朝延续至宋代。而北部湾区域及包

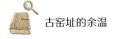

高足青瓷杯（左为桂州窑出土，右为岳州窑出土）

括容县在内的地区，则在晚唐时期兴起瓷业生产。这些区域的瓷业生产吸纳了广东水车窑的烧造技术，广泛生产以碗、碟、罐、壶为主的产品，这些产品往往带有四个粗方块支钉痕。值得注意的是，四耳罐在广西隋唐墓葬中较为常见，而具有大四耳罐特征的器类在印度尼西亚"黑石号"沉船上被大量发现，因此不排除当时北部湾沿海的青瓷业生产参与了外销的可能性。

宋代，被称为中国的"大航海时代"。广西以更加开放包容的姿态迎来了瓷器贸易的鼎盛时期。宋代广西瓷业之路，历经多个重要阶段。在北宋早期，广西瓷业主要处于对外来技术的吸收和内化阶段。到了北宋晚期至南宋早期，广西瓷业生产迎来了真正的黄金时期。在这一时期，广西瓷业生产规模达到了历史新高度，而且在之前融合的过程中，烧造出了具有独特

综述：万年窑火映广西

桂州窑 2014 年发掘现场

广东水车窑出土的瓷器

风格的瓷产品。例如，青瓷区域的永福窑田岭，能够生产出源自北方的印花青瓷。除日用青瓷外，青瓷窑口还大量烧造瓷细腰鼓，反映了宋代广西地区民间音乐文化的繁荣。宋代广西瓷业巅峰时期的另外一类标志性产品则是青白瓷。青白瓷产品的销售，在广西各区域均比较常见，其还作为重要的外销瓷品种参与海外贸易。

"黑石号"沉船出水的瓷器

　　宋代广西瓷业的繁荣，似乎有种昙花一现的感觉。进入元代后，广西瓷业生产突然急速刹车，快速衰落，窑口规模骤然缩减，产量大幅下降，质量水平也不复往日。这种变化或许与宋代理学的发展和蒙古族建立元朝后对瓷业生产需求的变化密切相关。宋代主要追求产品的雅致美观，认为"简到极致，便是大美"，这也将中国瓷器艺术推向了美学巅峰。而元代瓷产品则更多地反映出草原民族的文化特色，产品多表现出厚胎厚釉、器型较大等特征。例如，广西元代主要瓷窑代表——柳城窑，其生产的折沿盘和碟具有明显的浙江龙泉窑特征，釉色采用了钧窑系的窑变风格，而宋代常用的精细印花则被简化线条所取代。

　　明清以来，广西瓷业生产进入静默期，同时随着海禁政策的施行，政府开始垄断瓷业贸易，进一步加剧了广西瓷业的衰落。尽管如此，广西瓷业生产仍具有独特魅力。明清时期，为寻找销路，广西瓷业另辟蹊径，纷纷在沿海沿边地区布局，如北海上窑窑址、南宁三岸窑址、龙州上金窑址和百色林屋窑址，

仿龙泉青瓷

简化印花青瓷

这些窑口均生产出了代表当时广西最高技术水平的瓷产品。反观宋代瓷业传统区域的桂林和柳州一带，普遍烧造仅能满足民间日用需求的釉陶器，且品质较粗劣。

明清时期的广西陶瓷业，从生产布局看，明显是为了突破海禁政策的制约，把生产窑址放置于沿海沿边，把贸易对象放眼于东南亚。清代兴起的浦北小江窑青花瓷和清代晚期崭露头角的钦州坭兴陶，均具有类似布局。这一生产布局造就了明清时期广西沿海沿边地区陶瓷业的繁荣，同时也促进了中越经济文化的交流。

窑炉的熊熊火焰，不仅烧制出精美的陶器，还将中华民族历史文脉传承深植于边疆人民的心中，对巩固边疆和不断铸牢中华民族共同体意识具有重要作用。可以说，广西窑火的变迁，不仅仅是技术产品的流通与传播，更是文化的交流互鉴，让广西悠久的陶瓷技术在八桂大地上得以传承与发扬，让万年窑火在祖国南疆大地熠熠生辉，映照出中华历史文化的博大精深与源远流长。

扫码获取更多资源

史前至先秦：

"陶雏器"守正与印纹陶创新

　　想象一下，在远古的某个黄昏，一群原始人围坐在熊熊篝火旁，用笨拙却充满期待的双手揉搓着湿润的黏土，创造出一个又一个形态各异、充满生命力的"陶雏器"。这些陶器虽然粗糙，却蕴含着广西先民的智慧与创造力。它们如同一座座桥梁，连接着过去与未来，让我们得以窥见那个时代的风华。

划时代的风华："陶雏器"的诞生

◆ ▶◀◆

　　在漫长的人类历史长河中，从原始的野蛮时代到璀璨的文明之巅，人类对自然界那些光怪陆离的现象始终怀揣着无尽的好奇与探索欲。初时，人们对巍峨的高山、奔腾的河流、凶猛的野兽，以及风雨雷电等壮丽景象充满了敬畏与崇拜。随着与自然的日益亲近和对自然现象的深刻理解，人类逐渐解锁了自然界的秘密，并将其转化为征服自然的得力助手。

　　我们的祖先，为了储存食物、汲水烹煮，开始探索将自然界的黏土转化为实用器皿的方法。经过无数次的尝试与失败，他们终于掌握了火的奥秘，巧妙地将石英、沙粒、草木等自然材料作为添加剂融入黏土，置于火中焙烧，使黏土脱胎换骨，变得坚硬耐用，从而创造了最初的陶器具——"陶雏器"。

　　"陶雏器"，这个名字虽朴素无华，却承载着厚重的历史意义。它不仅是制陶技艺的萌芽，也是人类充分运用自然元素来征服自然的一次重大技术飞跃，彰显出远古先民对美好生活的向往与追求，以及对自然材料的深刻理解与高超的利用能力。想象一下，在远古的某个黄昏，一群原始人围坐在熊熊篝火旁，

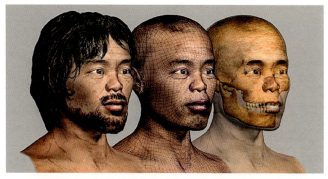
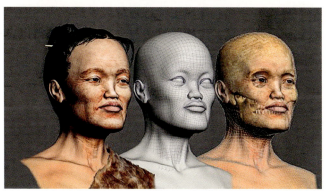

"陶雏器"开拓先驱——甑皮岩人三维复原图

用笨拙却充满期待的双手揉搓着湿润的黏土，创造出一个又一个形态各异、充满生命力的"陶雏器"。这些陶器虽然粗糙，却蕴含着广西先民的智慧与创造力。

陶器的产生与发展，无疑为早期人类的生活带来了翻天覆地的变化。它不仅提升了人类适应与改造自然的能力，还推动了农业耕种、动物驯化等生产方式的兴起，标志着新石器时代崭新篇章的开启。

在中国这片历史悠久的土地上，陶器的制作历史更是源远流长。从北方的河北南庄头遗址，到长三角的浙江上山遗址，再到南岭两侧的江西万年仙人洞、湖南玉蟾岩、广西甑皮岩、广东青塘等遗址，出土的陶器碎片无不诉说着中华民族先民在陶器制作方面的卓越成就与深厚底蕴。这些陶器不仅展示了先民们高超的塑形技艺与独特的审美观念，还为我们揭示了古代社会的生产生活方式、宗教信仰等多方面的信息。"陶雏器"不仅是制陶技艺的起点，更是中华文明乃至世界文明史的重要见证。它如同一座桥梁，连接着过去与未来，让我们得以窥见那个时代的风华。

甑皮岩：遗落万年的史前明珠

◆▶◀

◆ 史前明珠落桂林

桂林，这座被赞誉"山水甲天下"的美丽城市，隐藏着一处新石器时代早中期的瑰宝——桂林甑皮岩遗址。这处遗址坐落于桂林市象山区独山西南麓。独山是一座石灰岩孤峰，因形似当地居民所用的蒸锅之盖，故在方言中得名"甑皮岩"。

甑皮岩遗址不仅是一处备受瞩目的全国重点文物保护单位，还是首批国家批准同意建设的国家考古遗址公园。在2021年中国现代考古学诞生百年之际，甑皮岩遗址与合浦汉墓群共同入选"中国百年百大考古发现"，形成广西南北"双姝"，共同见证了广西考古近百年的辉煌成就。

甑皮岩遗址历经四次重要考古发掘，时间分别是1965年、1973年、1975年和2001年。这些发掘不仅揭示了丰富的历史文化层，还发现了陶器残片2000余件，其中可辨识器型的陶器多达480多件。特别是1973年的发掘，公布了两组令人震撼的测年数据，其中一组数据表明甑皮岩遗址形成早于距今一万年。对普通百姓而言，这可能只是一个冰冷的数据，但对于长期从

20 世纪 70 年代的甑皮岩遗址远景

甑皮岩遗址近照

国家考古遗址公园——甑皮岩遗址

甑皮岩遗址发掘情况（左上为 1973 年，右下为 2001 年）

事研究的考古学家和历史学家而言，这却是岭南乃至中国社会
发展史的重要历史见证。要知道，在 2000 年之前，全国发现的
超过距今 9000 年的出土陶器遗址仅有 15 处，而甑皮岩遗址便
是其中之一，更是岭南地区的唯一代表，足以彰显甑皮岩遗址
出土的早期陶器在中国考古学中的重要地位。

1973 年桂林市文物管理委员会发掘请示函

甑皮岩发掘手记

2001 年国家文物局颁发的
甑皮岩遗址考古发掘执照

甑皮岩遗址发掘手记等资料

甑皮岩遗址的重要考古发现所展现的文化面貌，是华南地区早期社会的典型代表，不仅受到学术界的高度关注，也引起了政府的高度重视和全社会的广泛关注。1978 年，在原址上建立甑皮岩洞穴遗址陈列室，后正式对外开放。1981 年，甑皮岩遗址被公布为自治区级文物保护单位，2001 年又升级为全国重点文物保护单位。2010 年，经国家文物局审核批准，立项建设甑皮岩国家考古遗址公园。甑皮岩遗址成为落定岭南的一颗璀璨的史前明珠，也成为桂林市历史文化名城万年发展史的缩影。1986 年 1 月 26 日，中国社会主义改革开放和现代化建设的总设计师邓小平同志亲临甑皮岩遗址视察，使得这颗沉寂万年的岭南明珠更加璀璨夺目。

甑皮岩遗址展示陈列馆前后变化（左下为 1978 年，右上为 2024 年，均由韦军供图）

甑皮岩遗址的考古成果丰富多样，不仅包括动植物标本、陶器标本、骨器、蚌器、石器等，还有大量的测年数据样本。在初期的测年数据中，最早的 ZK-279-1 蚌壳样本距今已有11310 年，这一发现引起了学者的高度重视。但测年数据是否真有这么早则引起学术质疑。为了验证甑皮岩遗址测年数据的真实性，中国社会科学院考古研究所和北京大学的专家亲临遗址现场取样测年，最终证实了甑皮岩遗址的早期年代距今 9000年以上。

为了加强保护并合理利用，让文物"活起来"，考古工作者们在 2001 年再次对甑皮岩遗址进行发掘。此次发掘由长期从事华南史前考古的著名考古学家、中国社会科学院考古研究所傅宪国先生领队，在仅 10 余平方米的发掘范围内，获取了丰富的考古信息。

◆ 一块陶片引出"惊天发现"

在 2001 年的发掘成果中，一块编号为"DT6：072"的陶片引起了人们的广泛关注。这块陶片出土于甑皮岩第一期文化层，出土过程可谓充满艰辛。一方面，洞内光线不足，发掘位置又位于洞内最深处，发掘探方较深，陶片出土于第 28 层，距地表超过 3 米。在洞内光线不足的情况下，考古工作者只能依靠灯光进行发掘，而长时间在近照的灯光下发掘，容易造成视觉疲劳，使得发掘工作变得极其困难。另一方面，当时正值桂林的雨季，时常出现阴雨天气，洞穴顶上的岩缝会滴水，地底则有地下暗河通过缝隙渗水至遗址底部。因此，每天发掘前都

需要做好一切安全防护工作，并与阴雨天气错开方能开展科学考古发掘。然而，考古工作者凭着坚忍的毅力，最终在发掘至第 28 层时，发现了这块与洞内探方地层堆积泥土混杂在一起的陶片。若考古工作者稍不小心，就可能将其当作普通的泥块清理出去。但幸运的是，他们凭借长期田野考古工作所积累的专业敏感性及严谨的发掘程序，意识到了这块"泥块"的非凡之处，并判断出其可能是原始陶器，从而揭开了甑皮岩遗址的"惊天发现"，至此，遗落万年的明珠得以重现人间。

这块巴掌大小的陶片虽不起眼，却蕴含了丰富的历史信息。它的烧成温度极低，仅约 250℃；胎质疏松且夹带砂粒，遇水易碎，这表明它可能尚未完全陶化。从其形制看，这块陶片可能为半圆头盔形器皿的残片，系徒手捏制而成，复原后的陶器器型规整且尺寸翔实。更令人惊奇的是，这件陶器曾被用于煮食田螺，这显示出远古先民在生活中的智慧与创新精神。

关于这块陶片的性质，学术界曾有过争论。有学者认为其已具备了陶器的特征，而另一部分学者则将其视为"夹砂泥塑器"。为了验证其真实性质，考古专家进行了模拟实验。结果显示，这种材质制成的器物虽未完全陶化，但已具备了陶器的基本功能。因此，甑皮岩首期陶被确认为"陶雏器"，这是陶器起源的重要雏形。

甑皮岩"陶雏器"的发现具有里程碑式的意义。它是我国早期陶器从无到有的关键标本。在此之前，我国虽已出土过多处万年以上的陶器遗址，但均未发现由如此低温烧制而成的陶器标本。甑皮岩"陶雏器"的出现，填补了陶器发展史上的空

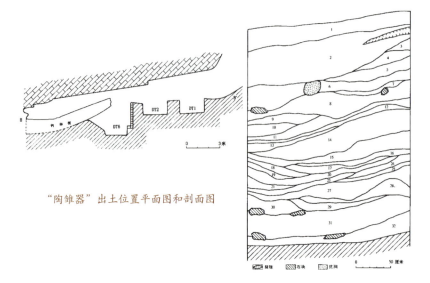

"陶雏器"出土位置平面图和剖面图

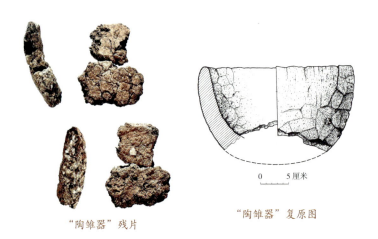

"陶雏器"残片　　　　　"陶雏器"复原图

白，为研究陶器起源提供了宝贵的实物资料。这件"陶雏器"经复原后，呈圜底锅状，被称为"中华第一锅"。

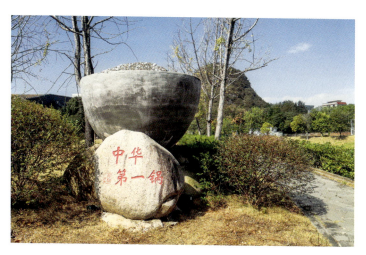

中华第一锅"陶雏器"（韦军供图）

　　作为陶器起源的雏形，"陶雏器"承载着古代人类智慧的光芒，堪称"陶器之祖"。它的发现不仅丰富了我们对新石器时代人类文化的认识，还为我们探寻人类文明的起源与发展提供了重要线索。同时，"陶雏器"所采用的夹砂陶也奠定了岭南史前夹砂绳纹圜底陶的传统。在它之后，无论是新石器时代早期的桂林甑皮岩遗址，还是新石器时代中期的南宁邕宁顶蛳山遗址，抑或是新石器时代晚期的西南边陲之地——广西那坡县感驮岩遗址，都保留有夹砂陶的传统。即使到了今日，在广西各地仍有零星烧造的夹砂陶坛坛罐罐，以供百姓日常使用，继续书写着岭南陶器发展的万年光辉篇章。

甑皮岩遗址出土的夹砂陶器

顶蛳山遗址出土的陶器

百花齐放：岭南模式开启

◆▶◀◆

　　自桂林甑皮岩人发明"陶雏器"后，在距今 10000 — 5000 年的漫长岁月里，广西地区逐渐广泛掌握并流行起夹砂绳纹陶器的制作、烧造与使用技术。这一独特风格成为岭南史前文化的重要标志，开启并塑造了岭南地区史前文化发展的新模式。

　　此模式下，广西各地文化蓬勃发展，犹如百花齐放。桂林区域，甑皮岩文化的光辉一直延续到距今 7000 年，才逐渐淡出历史舞台，被更为先进的文化所取代。同样，桂中区域的鲤鱼嘴遗址和白莲洞遗址也经历了类似的变迁。而在南部邕江流域兴起的顶蛳山文化，靠着广阔天地，虽然在其发源地逐渐衰落，但其影响力却向外扩散，如左江流域敢造贝丘遗址、何村遗址、宝剑山遗址等，以及右江河谷的荣列"2002 年度全国十大考古新发现"之一的革新桥遗址，红水河流域的北大岭遗址和娘娘湾遗址，乃至广东西部地区的遂溪鲤鱼墩遗址，均体现了这一文化的传承。这些遗址的共同特征在于，居民普遍使用传统的夹砂圜底绳纹陶器，生活方式上依赖临江捕捞，住所往往堆积着厚厚的螺壳，而墓葬习俗中则常见屈肢葬。

可以说，距今 10000—7000 年，是夹砂绳纹陶发展的黄金时期。然而，在距今 7000 年前后，这一传统文化景观出现了新的变化。在桂林甑皮岩遗址第五期文化遗存、平乐纱帽山遗址、平南石脚山遗址、柳州凤岩遗址等地，除了出现夹砂绳纹陶，还出现了泥质红陶和白陶。这些陶器在造型上打破了圜底器的传统，出现了圈足器，装饰上也从单调的绳纹升级为戳印纹饰和彩陶元素，如桂林甑皮岩遗址第五期文化遗存中的夹砂红衣陶圈足盘和夹砂白陶戳印纹高领陶罐残片，平乐纱帽山遗址的戳印纹装饰，平南石脚山遗址的戳印陶和彩陶，反映出岭南先民审美水平的提升。考古专家认为，这类陶器受到南岭北面湖南地区高度发达的高庙文化和大溪文化的影响。这说明广西史前陶器中出现的这些变化，实际上是中华文明多元一体进程和多民族国家形成过程中的和谐交融，标志着岭南地区在发展至距今 7000 年前后，当地先民在历史舞台上不再是独唱者，而是合奏者，引领岭南地区向新时代迈出坚实的步伐。这一趋势不仅在广西明显，在广东地区，特别是珠三角一带，表现得更为突出，如深圳咸头岭遗址发掘出土的大量具有高庙文化特征的戳印纹白陶和具有大溪文化特征的彩陶，与这两种文化的器物相似度极高，甚至可以"以假乱真"。

时代的车轮滚滚向前，距今 5000 年前后，江浙越人先民之一的良渚人出现于大庾岭南侧腹地韶关一带。在良渚文化的影响下，岭南出现了翻天覆地的变化。岭南再次出现新元素，如三足陶器、几何纹印纹装饰陶器、具有礼制文明的玉琮、早期江浙越人的拔牙习俗和有段石器等新事物，彻底打破了岭南原

桂林甑皮岩遗址出土的戳印纹陶

桂林甑皮岩遗址出土的戳印纹陶

平乐纱帽山遗址出土的戳印纹陶

平南石脚山遗址出土的戳印纹陶

平南石脚山遗址
出土的彩陶

湖南高庙遗址出土的彩陶

湖南桂阳千家坪遗址出土的彩陶

广东深圳咸头岭遗址
出土的彩陶

广西及周边地区出土的戳印纹陶器和彩陶

有的社会发展模式，社会阶层开始分化，复杂性增强，岭南文明的曙光初显。广东受此影响较深，石峡文化广泛传播，圈足或三足及几何印纹装饰几乎成为陶器发展的主流。粤东地区的晋宁虎头埔一带出现烧造几何印纹硬陶的陶窑，这是岭南已发现的最早的半地穴式或斜坡横穴陶窑炉。相对于广东，广西在大的岭南社会环境中也受到影响，出现了三足陶器及水波纹、S形纹饰，陶圈足器逐渐成为主流。在南流江畔、郁江两岸、左江流域和右江流域、红水河流域、湘江—漓江两岸等区域，圈足器和三足器共存。南部地区的左江流域、右江流域和邕江流域甚至出现了文明的萌芽——具有礼制性质的大石铲。墓葬中也出现了阶层分化的现象，如崇左何村遗址出现象牙随葬，冲塘遗址出现稀缺的海贝装饰随葬，南宁的弄山岩洞葬出现大量陶器随葬品，等等。这些都反映了社会财富的不均等分配，标志着社会开始分化，预示着文明曙光的来临。

感驮岩：广西不孤立的证明

◆ ▶◀ ◀

广西，这片岭南的宝地，自古便是史前人类活动的重要舞台。发现北京人头盖骨化石的著名考古学家裴文中曾赞誉道："中国可以成为世界上古人类学的中心，广西是中心的中心。"而百色盆地作为广西史前遗存最为丰富的地区之一，或可以说是"中心的中心的中心"。

过去，研究者普遍认为史前时期的广西与外界的文化交流较少，然而，随着考古工作的深入，我们在八桂广阔的天地中发现了大量新石器时代至青铜时代早期阶段先民的生活居住之地。这些遗址或在河岸，或在洞穴，有的甚至在孤峰山顶，同处百越广阔天地，并非完全孤立，北与岭北及中原、西与云贵高原及成都平原、南与东南亚地区互通往来。特别是感驮岩遗址的发现，更是为我们揭开了广西与中原地区文化交流的神秘面纱。

◆ 一波三折的发现过程

感驮岩遗址位于百色市那坡县城北约 500 米的人民公园内，是位于六韶山余脉后龙山脚的一处宽敞的洞穴遗址。2006 年，

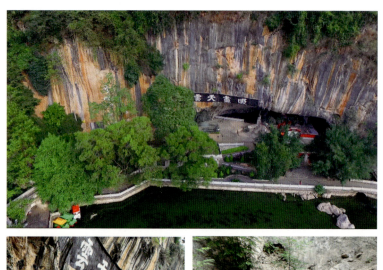

感驮岩遗址

感驮岩遗址被公布为全国重点文物保护单位。

　　根据那坡县地方志记载，感驮岩遗址曾经是那坡县城衙署所在地，这里山水环绕，洞内又有清澈的地下暗河，是个人杰地灵的好地方。早在 1958 年，人们就在这里发现了较多的磨制石器和陶片。1962 年，广西壮族自治区博物馆的专家对洞内残存的堆积进行了试掘，将文化堆积划分为三层，清理出一批陶器、石器、动物遗骸和螺壳，确认这是一处新石器时代遗址。

说起感驮岩的考古发掘，那可真是一段曲折而有趣的故事。第一次发掘时，老一辈的考古工作者抱着极大的学术目标，满怀期待地进入这个神秘洞穴，然而，眼前的景象却让他们大失所望。洞穴内早期先民的生活旧居已被破坏殆尽，考古工作者仅在紧靠岩壁的地方找到一些零星的先民生活痕迹。由于工作经费有限，考古队只能带着遗憾返回南宁。但这次的发掘并非一无所获，它留下了一批宝贵的考古资料，为后续的发掘奠定了基础。

时间转眼到了 1997 年 8 月，广西壮族自治区文物工作队再次受命，组队前往感驮岩遗址进行发掘。这次，考古工作者根据洞穴的实际情况，制订了翔实的工作计划。由于洞内建设了

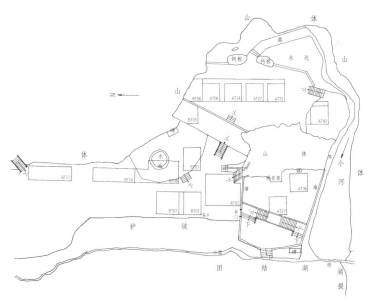

感驮岩遗址 1997 年发掘探方图

较多的基础设施，地面铺满了混凝土，因此考古发掘的第一步是破开混凝土。在当时的条件下，没有机器可用，考古队员只能挥舞着大锤，一锤一锤地敲碎混凝土。虽然工作艰苦，但是大家的热情都十分高涨。

随着一个个探方的混凝土地面被破开，考古工作者们却越来越失望。洞内发掘工作面的探方里，并没有出现他们期待已久的先民生活的原生痕迹，仅在混杂的泥土和碎石中分拣出较多的石器、陶片、骨器，其中不乏精品，如陶纺轮、石戈、玉石凿、石箭镞等。看着眼前已被破坏的场景，考古工作者心中充满无奈和失落。此时，发掘工作已进行到 10 月，工作经费也即将耗尽，是否继续发掘，需要发掘领队尽快做出决策。

幸运的是，那坡县人民政府也对本次发掘满怀期待，恳请考古队继续开展发掘工作，并愿意为发掘队后勤保障提供帮助。面对如此盛意，当时的发掘执行领队韦江，决定继续发掘，并将发掘位置确定在洞口外。在有限的时间和经费条件下，考古工作者本着使命感和职业敏感性，以最大努力继续扩大发掘范围。

之后的发掘成果证明，此决策十分正确。在洞外的发掘探方中，出土了大量的考古遗存，包括史前时期的墓葬和灰坑，以及大量陶器、石器、骨器，还出土了商周时期的陶器、石器、骨器，以及大量的碳化稻谷和粟米。特别值得一提的是，还发现了具有中原文化元素且是文明象征的骨牙璋，甚至还发掘出了一座战国墓。这些发现，无疑揭开了感驮岩在新石器时代至商周时期辉煌的历史篇章。

1997 年感驮岩遗址发掘现场

◆ 意义重大的考古发现

　　通过考古地层学和类型学的研究，专家发现感驮岩遗址存在两个时期的文化。第一期出土的陶器以夹砂陶为主，夹带少量的泥质陶；陶色以灰褐色为主，其次为红色和红褐色；纹饰上绳纹盛行，刻划纹发达；除圜底器、圈足器外，还有三足器，主要器型有三足杯形罐、圈足碗、圈足高领罐等，风格比较独特。根据器物特征及碳-14测年数据，这一期的年代大约为距今4700年，属于新石器时代晚期。第二期分前、后两段。前段出土的陶器以夹砂陶为主，泥质陶所占比例较小；陶色以灰褐色为主，其次为红褐色和红色，有少量为灰黑色。后段出土的陶器同样以夹砂陶为主，泥质陶次之；陶色以灰褐和灰黑色为主，有少量为红色和红褐色。这一期的陶器纹饰种类多样，绳纹仍占主流；器类增多，主要器型为高领罐、杯形罐、壶、大口釜、篦形器、纺轮等。测年数据显示，第二期的年代为距今 3800—2800 年，属于新石器时代晚期至青铜时代的过渡阶段，也就是我们常说的"铜石并用时代"，为青铜器萌芽阶段。

感驮岩遗址出土的陶器

　　不难看出，感驮岩遗址的陶器无论是在质量、种类上，还是在装饰手法上，都比甑皮岩遗址的丰富了许多。这也证明在广西地区，古人类的生产生活随着技术的积累逐渐向文明迈进。

　　感驮岩遗址的发现意义重大，不仅在于它出土了大量的文化遗存，还在于它所处的地理位置特殊。与云南和贵州的考古发现比较，至少在同时期遗址中，感驮岩遗址在规模、出土遗物丰富程度及遗物等级上，都是首屈一指的。特别是出土的三足陶器和牙璋，更是此区域独有，代表了这里早在史前时期就已出现了文化的高度融合，展示出对外交流、交往、交融的繁荣。

印纹陶：区域文化交融的见证者

◆▶◀◆

在岭南地区，随着石峡文化的广泛传播，这里不仅迎来了初级文明的曙光，还吸纳了来自江浙越人的文化传统和制陶技艺。特别是几何纹印纹硬陶，一方面反映出岭北的文化输入和影响，另一方面也是江浙越人与岭南本土文化交融的结晶。越来越多本地窑口吸纳了江浙越人的文化传统，逐渐摒弃单一的夹砂绳纹陶，这也是岭南地区逐步融入统一的多民族国家大家庭的缩影。

考古发现告诉我们，在距今 4000—3000 年，几何印纹成为广西陶器装饰的主流，主要流行于桂东北和桂东南。其发展历程分为两个阶段：新石器时代晚期和商周时期。新石器时代晚期，几何纹开始崭露头角，主要为方格纹，虽然数量不多，但已显露出其独特的魅力。到了商周时期，各种纹饰大量涌现，方格纹、曲折纹、菱形纹、云雷纹、羽状纹、"回"字纹、圆点纹、戳印纹、夔纹、"米"字纹……它们共同构成了那个时代陶器纹饰的绚丽画卷。

在感驮岩遗址第一期出土的陶器中，有很多杯形罐和高领

恭城同乐洲遗址出土的几何印纹陶残片

合浦大浪古城出土的几何印纹陶拓片

平乐银山岭战国墓出土的"米"字纹陶瓮

 古窑址的余温

罐。这两类器物均为夹砂陶，其中杯形罐的造型与云南永平新光遗址所出土的侈口罐比较相似，高领罐的造型与邕宁顶蛳山遗址第四期出土的高领罐相近。再从器型和纹饰看，这一期的陶器与广西新石器时代晚期的平南石脚山遗址、大新歌寿岩遗址出土的陶器也较相似，证明广西各地文化间的相互影响，反映了人们审美观念和制作技术的传承与交流。在第二期出土陶器中，这种文化交融的现象更加明显，范围也更广了。该期出土的陶壶与武鸣岜马山商代晚期岩洞葬所出的壶"撞衫"，高领折肩罐则与东莞村头遗址所出的罐"撞脸"，甚至在绳纹上加刻划纹、在打磨的器表饰以填充戳印纹的带状刻划纹及彩绘等装饰风格，竟然也在越南冯原遗址找到了"同款"。这些出土器物上，多拍印水波纹及方格纹，与同时期长江中下游地区及广东的器物亦有相似之处。我们将这种表面拍印几何形花纹图案的陶器统称为几何印纹陶。

  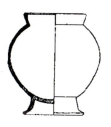

武鸣岜马山遗址出土的陶器　　那坡感驮岩遗址出土的陶器　　高要茅岗遗址出土的陶器线图

高度相似的岭南商周时期陶器

◆ 拍打出来的流行元素

陶器作为人类日常生活的重要用具，是新石器时代文化的重要标志之一，也是衡量新型文化、文化差异性，以及文化交往交流交融过程的核心要素。想象一下，最初的陶器，就像孩子们捏的泥巴，简单而质朴。但随着时间的推移，人们开始尝试泥片贴筑法、泥条盘筑法，甚至用上了慢轮成型技术，这可是陶器制作技术的一大飞跃。

为了让陶器更加坚固耐用，古人还想出了一个妙招——当陶坯成型以后，用木制或陶制的拍子拍打陶坯的外壁，使其内部结构变得更加紧密。而拍子上缠绕的绳子或刻划的纹饰，也在陶器上留下了独特的印痕。这就是绳纹、篮纹、编织纹、方格纹等简单纹样的由来。虽然这些纹样最初并不是为了装饰，但它们却为后来的陶器装饰艺术提供了灵感。

新石器时代的人们，在陶器的装饰上下足了功夫。这种装饰，就像我们现在的"个性化定制"，反映着人们的审美意识和生活态度。在不同的地区，由于生产力、自然条件和风俗习惯的不同，陶器的装饰也各具特色。在考古学研究中，常以陶器特征作为核心研究对象，探究整个社会的发展状况。例如，岭南地区在距今7000年，主要流行夹砂圜底绳纹陶；距今7000—5000年，出现圈足器和彩陶；距今4000—3000年，三足陶器和几何印纹陶流行；商周时期，出现原始瓷。岭南如此，中国各地也是如此。在黄河流域，仰韶文化盛行用红黑色描绘花纹的彩陶，生动且富有生活气息；大汶口文化的彩陶则色彩丰富，主要有黑、白、红、褐、黄等诸色。相比之下，华

东、华南地区出土陶器上的装饰花纹，则主要是拍印纹样。总之，装饰陶器花纹的方法多种多样，其中凡是用拍印的方法饰以各种纹饰的陶器，都可以泛称为印纹陶。最初常见的拍印纹饰，如篮纹、绳纹、编织纹、方格纹等，是印纹陶的原始纹饰。具有这种纹饰特点的陶器，在新石器时代遗址里是普遍存在的。

◆ 到处"撞衫"的印纹陶

印纹陶足迹遍布华南和东南沿海数省区，成了这些区域的文化与同时期中原地区的文化相区别的最大特征。有的考古学家根据印纹陶兴盛时期各地陶器遗存的不同文化面貌，将南方印纹陶分为七个区域，即赣（江）鄱（阳湖）区、太湖区、宁镇区、湘东与湘南区、岭南区、闽台区及粤东闽南区。新石器时代晚期，广东石峡文化早期出现的几何形印纹陶，逐步在岭南扩散，成为百越文化高度浓缩的典型代表，并在西周晚期至春秋时期进入繁荣，纹样丰富多样，直至东汉成熟瓷器出现后，方逐渐退出历史舞台。几何形印纹陶、原始瓷器的器物组合、器型的演变以及几何形纹样的类别和风格，都明显表现出发展的阶段性特征。

感驮岩遗址仍处于岭南地区几何印纹陶的萌芽时期，而恭城同乐洲遗址则是已发现的春秋时期几何印纹陶最多的遗址。该遗址处于广西几何印纹陶流行时期，出土的夹砂灰陶装饰着曲折纹、回纹、菱形纹、夔纹、云雷纹、方格纹等多种纹样。贺州出土的一件夔纹陶罍，是广西已发现的最完整的印纹陶，但其是否为本地烧造有待确认，而同乐洲等一批商周时期遗址出土的几何印纹陶，明显是本地烧造的杰作。同时期的广东博罗园洲梅花墩窑址，已经出现大量烧造岭南常见春秋时期几何印纹陶和原始瓷的窑炉。

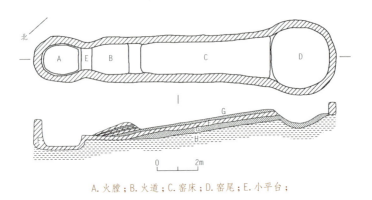

A. 火膛；B. 火道；C. 窑床；D. 窑尾；E. 小平台；
F. 窑底与窑壁；G. 铺沙层；H. 垫土

岭南春秋时期原始瓷窑——广东博罗园洲梅花墩窑址平面图和剖面图

考古已发现的原始瓷中，年代最早的在福建，数量最多的则在浙江。原始瓷的原料为高岭土，釉料为草木灰釉。窑炉类型均为龙窑，结构已经有圆形火膛、火道、窑门、弧形壁窑室、圆形排烟口之分，呈现出与岭南传统平地堆烧方式的差异性。使用龙窑烧造时，原始瓷温度超过了1200℃。

战国时期，广西首次出现了原始瓷的身影。这些原始瓷均以墓葬随葬品的形式存在，如平乐银山岭、恭城殷家洞、岑溪糯峒、武鸣安等秧等地的战国墓随葬品中的原始瓷就常见几何印纹装饰，主要是水波纹、篦点纹等。这些原始瓷随葬品在造型、施釉、烧造等方面具有较明显的一致性。同样，在合浦大

浪古城遗址中，也出土了较多战国时期的几何印纹陶，其中部分为原始瓷。

在感驮岩遗址第二期后段出土的器物上，可以看到大量的拍印绳纹及方格纹，还有在器物口沿处装饰的拍印水波纹。这些纹饰同其他地区早期印纹陶的纹饰都有相似之处，仿佛是在诉说着它们之间的"亲戚关系"。

除了纹饰，从感驮岩遗址中出土的器物类型上也能看出其与周边文化的交流和融合。遗址出土的陶器器型均以圈底器为主；陶质陶色以夹砂灰褐色陶为主，也有夹砂红褐陶；纹饰主要有绳纹、划纹、附加堆纹；所出土的有肩石器也经过精细磨制。而在紧邻广西的云南东南部的小河洞遗址，也出土了类似的器物类型。小河洞遗址的文化内涵与云南滇池以西地区的文化略有不同，这足以说明云南东南部地区的文化在新石器时代晚期受到了来自广西百色的影响。

感驮岩遗址后期，已经进入铜石并用时代。此时的中原文明，无论是意识形态还是生产生活技术，都较岭南地区更为先进。良渚文化传入岭南，不仅带来了几何印纹陶、礼制用器、有段石器、稻作农业，还是一剂社会变革的催化剂，更是岭南民族大融合的重要体现。

然而，这场社会变革并不是彻底的。在距今 4000—3000 年，常见于广东及桂东北、桂东南的曲折纹等几何印纹陶，在桂西南地区仍没有形成较大影响。此区域仍以传统夹砂圈底陶为基础，江浙越人的文化并没有造成全局性的影响。直到战国时期，原始瓷广泛传入岭南，自北向南深入影响桂西南腹地，才使得整个岭南地区的文化面貌呈现出一致性，从而为广西正式被纳入秦朝郡县制的管辖范围奠定了社会基础。

在大一统的思想影响下，南北文化的交流更为频繁。广西地区逐步融入汉文化圈，政治、经济、文化都得到快速发展，延续了几千年的陶器烧造技术，也随之迎来了跨越式的发展。

扫码获取更多资源

秦汉时期：
文化融合续写硬陶传奇

秦汉时期，广西的漓江宛若一条巨龙，沟通江河，连通南北，守护一方热土，承载一方文化。南方传统的龙窑与北方传统的马蹄窑聚集于漓江之上，共同见证着岭南这片曾经长期游离于国家文明之外的土地迈入统一国家文明的发展轨道。山水交辉，"龙""马"相映。南北文化相融的硕果和民族大融合的美景，在广西这片热土上发生，广西陶瓷器发展也掀开了崭新的篇章。

"龙""马"相映，文化相融

◆▶◀◆

　　经过百万年的漫长发展，特别是进入陶器时代后，睿智的中国先民在追求美好生活的征程上，与大自然展开了无数次的斗争。实践出真知，他们不断积累经验，逐渐掌握了许多烧造陶器的独门绝技，其中，挖地建造窑炉成为主要方式。综合全国各地的窑炉考古发现资料，考古学者依据窑炉的外形差异，将它们分为多种类型，包括马蹄窑、龙窑、阶梯窑、葫芦形窑及蛋形窑等。

　　在广西这片土地上，考古发现的窑址主要有马蹄窑和龙窑两种类型。其中，最早的马蹄窑为梧州富民坊窑址，始烧于西汉；最早的龙窑为灵川大圩马山窑址。富民坊窑和马山窑的发现，颠覆了过去我们对广西陶瓷器烧造历史的认知。

　　甑皮岩遗址陶器烧造模拟实验证实，史前广西流行的烧造方式主要是平地堆烧法，这种技艺至今在广西靖西及云南等地仍有传承。平地堆烧法简单易行，对技术要求不高，随时随地都能进行，但烧造温度低，导致陶器火候不高，色泽各异。相比之下，马蹄窑和龙窑则显得专业且复杂，需要高超的技术方能烧造出满足社会需求的产品。此类窑炉烧造的产品温度高，质量好，如采用高岭土，则能烧造出瓷器，采用普通黏土，则为硬陶器。

所谓"马蹄窑"，顾名思义，其外形酷似马蹄，有些学者也称之为馒头窑。马蹄窑的燃烧室位于窑床的前端，而烟囱则设置在窑体的后端。火焰的流向是从火膛喷出，直冲窑顶，然后倒转向窑床，流经放置在窑床上的器坯。烟气则通过排烟口，最终由烟囱排出窑外。马蹄窑的发展历程非常悠久，从新石器时代一直延续到明代。随着时代的进步，其技术不断创新发展，从最初的竖焰到横焰，再到半倒焰和全倒焰，马蹄窑成为古代

中国最早的龙窑——福建苦寨坑窑址群

秦汉时期：文化融合续写硬陶传奇

窑炉制造技术的杰出代表，尤其在北方地区广为流传。

　　而龙窑之所以得名，则是因为其整体形状狭长，宛如一条巨龙蜿蜒而卧。在某些地区，人们也称其为蛇窑或蜈蚣窑。龙窑通常建造在山坡之上，其窑身倾斜，窑头（即火膛所在的位置）位于最低处，而窑尾（即排烟系统所在的位置）则位于最高处。窑尾与窑头之间的高差决定了窑炉的抽力。考古研究证实，龙窑最早出现在夏商之际。那个时期的龙窑窑身较短，结构相对简单，而且常常出现原始瓷器与印纹硬陶混合烧制的现象。随着时间的推移，龙窑的窑身逐渐增长，结构也不断优化，有的还发展出了分室龙窑。龙窑建造简便，装烧量大，产量高，特别适合烧造青瓷和青白瓷，被誉为"青瓷的摇篮"，广泛分布于中国各地，尤其是江南地区。

　　春秋战国时期，原始瓷的浪潮涌向了岭南，整个岭南处于印纹硬陶和原始瓷并存的阶段，但几何印纹硬陶依然占据着主导地位。随着秦统一岭南，汉武帝平定南越，统一国家经略模式在岭南的落定，开启了南北经济文化交融的新篇章。大批汉人迁至岭南，带来了先进的文化和技术工艺，促使社会融合、经济融合、民族融合形成合力，岭南因此迎来了前所未有的发展机遇，特别是广西地区，表现尤为明显。

　　秦以前，江浙越人南迁岭南，给岭南地区带来深远影响，其中广东地区受益最大，而广西的某些区域，如桂林北部，虽然也受到岭北楚文化的影响，但影响范围有限，也未带来更多陶器工艺的革新。因此，在岭南几何印纹陶和原始瓷出现的先秦时期，尽管广西的聚落遗址和墓葬发现了印纹硬陶和原始瓷，

但烧造此类产品的窑址考古发现却为零。不过，随着岭南正式被纳入国家行政版图，中央对岭南的开发力度加大，广西的窑业生产也迎来了春天，如梧州富民坊窑址和桂林灵川大圩马山窑，就像两颗璀璨的明珠，在秦汉时期广西的窑业版图上交相辉映。尽管这些窑炉烧造出来的陶器在现代人看来略显粗犷，但却代表了当时广西的最高技术水平，标志着广西窑业生产的跨越式发展。马山龙窑与富民坊马蹄窑的烧造技艺，在秦汉时期的广西形成"龙""马"交相辉映之势，借用宋代词人李之仪的《卜算子·我住长江头》的意境，二者可谓"君在漓江头，我在漓江尾，日日思君不见君，共饮漓江水"，共同见证着秦汉广西窑业生产的辉煌盛况。

富民坊窑址：西江边的绚丽窑火

◆▶▶◆

1962 年，考古学家在广西梧州市富民坊区域开展了一次详尽的考古调查。在细致入微的勘探过程中，他们偶然间发现了一处规模宏大的古代烧窑遗址。此发现立刻在学术界引起了轰动，因为它不仅展示了古代陶瓷制造技术的精湛工艺，还像一扇时间之窗，让我们窥见了当时社会的经济结构和文化繁荣。

时间来到 1977 年 5 月，鉴于窑址所在的光学仪器厂要扩建，为确保基建项目的顺利推进，考古团队对窑址区域进行了全面而系统的"大扫除"。清理过程中，考古人员一共发掘了 27 座窑址，全部都是马蹄窑类型。这些窑址就像复制粘贴的一样，均面向北方，并包含窑门、火膛、窑床与烟道 4 个核心组成部分。有趣的是，有些窑灶的火膛口还特意用砖砌加固，就像是给老窑灶做了个"关节手术"，以修复因长期使用造成的磨损。窑床的设计特别巧妙，像斜坡一样紧贴着火膛后壁逐渐升高，两侧墙面还带点弧度，窑顶则是半球形的拱顶结构。烟道则位于窑尾后端，主要是方形，有的是圆形，从底部一直通到窑外，确保了烟气顺畅排放。

窑址全貌

窑炉

1977 年富民坊窑址发掘现场

　　富民坊窑址在各种地方志中均未见记载，这使考古专家在判断它具体的烧造年代时产生了不少困惑。同时，在发掘过程中，也未找到任何含有纪年信息的确实可靠的直接证据。不过，考古专家可是有火眼金睛的，他们依据窑址出土器物的器型、纹饰等特征，与本地区同时代墓葬出土遗物进行横向对比研究，终于判断出了富民坊窑址的大致年代。

从窑向一致、陶器类型同一的情况来看，可以肯定各窑同属一个时期，时间不会相差太远。在上一章节中，我们提到方格纹夹砂陶釜早在新石器时代就开始流行，历经春秋战国，到西汉后期已基本被淘汰，墓葬中已经很少发现。富民坊窑址所产的印纹陶釜，无论是造型还是纹饰，都和邻近地区如广东增城西瓜岭战国遗址、始兴白石坪山战国遗址所出土的陶釜、陶罐基本相似。同时，富民坊窑址中出土器物的造型又与广西平乐银山岭战国墓中出土的器物有相似之处，两者的区别在于富民坊的陶釜缺少三足。1962 年，考古学家曾在离富民坊不远的竹席山坡发现不少与此处相同的窑炉遗址和废品堆积，其中出土了大量三足锥状器，应该是专门烧制的，可能是陶釜的附件。这些陶器都具有战国时期的特征，其年代应相近。但富民坊窑址器物的纹饰比战国时期的细致些，釜口也有了变化，宽而大，扁形，胎较薄，显然生产技术有所进步，因此年代应稍晚于增城西瓜岭战国窑址。

窑址中所见的釜（或锅）多数也见于广西本地西汉或东汉早期墓葬，这至少可以说明在广西东北部地区，方格纹陶釜不但在战国时期流行，而且在西汉时期仍有出现，如广西西汉中晚期墓葬就出土有这种器物，同墓葬中出土的还有鼎、钫、壶、盒及方格纹罐等。这些器物都是西汉时期的典型器型，东汉中晚期后未有发现。在发掘中，考古人员还在窑址的上层覆盖土中发现了被破坏的东汉墓葬遗留器物，这进一步证明窑址的年代应该早于东汉时期。因此，富民坊窑址的年代上限在西汉早期，下限可到东汉早期。

马山窑址：印纹陶的余晖

◆▶◀◆

2001 年，桂林市正式启动了一项关键的基础设施项目——建设一条贯穿桂林市区至磨盘山码头的专用公路。这条公路须穿过灵川县大圩镇马山一带，于是，桂林市文物考古队与灵川县文物考古团队联手，在这片区域开展了一次考古调查。

在群众的指引下，考古团队发现了被称为"七星堆"的七个土堆。根据历年的考古记录及群众提供的线索，考古队起初认为这些土堆可能与墓葬封土堆相关，因此虽然在"七星堆"区域采集到带方格纹的陶片，但他们并未从陶窑方面思考，更多认为这些陶片是古代墓葬的随葬品。但随着勘探的深入，他们惊喜地发现了汉代古墓葬。而在进一步发掘中，大量陶器残片的出土让考古队倍感困惑，这些遗物显然不属于墓葬或聚落遗址的。随着发掘面积的扩大，一座龙窑逐渐显露真容。考古团队在不经意中挖掘出一个古代陶器生产遗址，随即对其进行了紧急性的保护清理工作。

发掘虽告一段落，但由于当时资料有限，马山龙窑的重要性并未被充分认识，它如同被埋没在历史烟尘中的瑰宝，其出

窑址全貌

窑门

马山窑址的龙窑（苏勇供图）

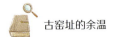

土遗物也长期深藏库房，鲜为人知。

　　然而，马山龙窑实则是广西已发掘证实的烧造年代最早的龙窑，是广西古代陶瓷考古最重要的发现之一。马山龙窑的发现，对于广西地区古代陶瓷生产技术的历史研究具有重要的价值。

　　马山窑址出土的陶片以罐类为主，这些罐类的外腹上均装饰有单一的方格纹。而在一些小件器物中，除了有方格纹装饰的，还发现了少量有水波纹装饰的，但有水波纹的数量相对较少。个别器物上甚至出现了水波纹和方格纹并存的情况。

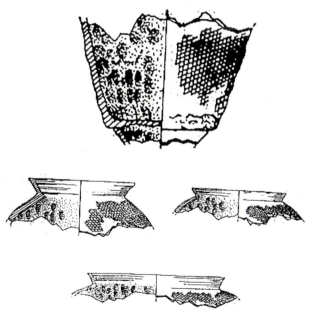

马山龙窑出土的陶器残片拓片

在广西地区，方格纹的使用延续了很长一段时间。早期的方格纹常常与绳纹等其他纹饰伴出，其年代可以追溯到新石器时代晚期。到了西汉时期，方格纹成为装饰花纹中的主流。即使到了东汉时期，方格纹的装饰仍然较为普遍。而水波纹装饰主要流行于战国时期，在桂北和桂东北地区的战国至西汉墓葬中有所发现，如在广西平乐银山岭战国墓和贺州高寨西汉墓中均有出土。根据这些考古发现，考古人员推断马山龙窑的年代大致为西汉时期。

大一统带来的融合创新

◆▶◀◆

在秦汉时期，岭南这片广袤的土地，虽然已被中央王朝纳入大一统国家行政版图，但广西仍是中原人眼中百越民族混居、生活方式原始、文化相对落后的"蛮荒之地"，与繁华的中原地区形成了鲜明的对比。因此，岭南的统一，不仅仅是行政管理上的归并，更是精神文明与物质文化的深度融合。

北方的马蹄窑技术传入广西，不仅是技术的传播，也是统一的多民族国家理念在岭南生根发芽的象征。随着中原文化的传播，岭南开始沐浴在国家文明的光辉之下，步入了一个全新的时代。而南方的龙窑，则成了百越文化与汉文化交融的见证。它既能生产出充满百越文化特色的几何纹硬陶，也能烧制出汉风格的陶器，彰显出百越民族逐渐融入中华民族大家庭的历程。

秦王朝统一岭南后，推行了郡县制，且鼓励中原人南迁，与越人共同生活，促进了南北文化的交融。秦朝灭亡后，秦旧将赵佗建立南越国政权，采取了"和辑百越"的民族团结和自治制度，引进先进技术和文化，进一步推动了岭南的发展。汉武帝统一岭南后，承袭南越国的政策，岭南因此社会稳定，经

合浦出土的西汉原始瓷

贵港出土的西汉红陶灶

贵港出土的陶簋

济文化蓬勃发展，中原文化在这里的传播也愈发深远。

　　汉文化的南传，对岭南产生了深远的影响。从政治制度到伦理道德，岭南的文化习俗都经历了深刻的变革。墓葬中的汉文木牍、丧葬形制的中原化，都是汉文化影响力的明证。

　　在涉及民生的陶器烧造业和青铜冶铸业等生产领域，这种影响更为显著和具体。秦汉时期，广西地区的陶器烧造业迎来

古窑址的余温

平乐出土的陶灶

贵港出土的东汉
五铢钱方格纹陶罐

贵港出土的东汉五联罐

了蓬勃的发展，成为当时发展最快、成就最为突出的手工业之一。陶器种类和数量的猛增是一个明显的标志。新出现的器物种类主要为各种日常生活用品，包括储存器、餐具、炊具、灯具，甚至还有井、灶、屋、动物等明器，应有尽有。陶器的造型也越来越规整、美观，形态各异，构思巧妙。例如，新出现的双联罐、三联罐、四至五联罐、四至八联盒等，一器多用，

合浦草鞋村遗址出土的陶器

既方便又实惠，展现了岭南人民的智慧。

陶器的制作技艺也取得了巨大的进步。陶质变得更加细腻、坚硬、耐用，陶土的陶洗技术与掺和料的比例都有了显著的提升和优化，烧制火候也普遍更高。火候的提升与窑床结构的改进和烧制技术的提高密切相关。这个时期的陶器，除了特殊器物如明器中的井、灶、屋及人物、动物等是手工制作，其他大多数都是轮制，有的还采用模制，有的则多种方法兼用，因此器型规整圆润，均衡对称，造型独特。

陶器的装饰也有了新的突破。纹饰变得规整复杂，种类多达 100 多种，且与中原的相似或相同，如云雷纹、乳钉纹、镂

贵港孔屋岭汉墓出土的随葬品

孔、蕉叶纹、三角纹等，这些都是中原地区最早出现和最流行的纹饰。装饰工艺包括模印、拍印、旋压、刻划、镂孔、附加和彩绘共 7 种，装饰方法有许多新的突破。

这些变化不仅标志着制陶技术的进步和审美意识的提升，也标志着岭南地区社会生产力的提高，是汉文化对岭南制陶业产生巨大推动作用的反映。

总的来说，广西秦汉时期的陶瓷工艺，在继承传统的基础上，不断吸收融合汉文化元素，将传统几何印纹陶不断发扬光大的同时，也创新生产出典型的汉文化陶质产品，展现了秦汉时期广西物质文化的多样性和统一性。这不仅体现了广西海纳百川的胸怀，也见证了中华历史文脉在岭南的延续和统一国家文化思想的融入。这是广西乃至岭南历史文化的根基所在。

扫码获取更多资源

隋唐五代：
从陶到瓷转变开启瓷业之争

　　隋唐五代时期，广西的陶瓷制造业在继承前代传统的基础上，不断吸收外来文化和技术，形成了独具特色的陶瓷风格。从隋唐时期的青瓷到五代时期的多彩瓷器，广西陶瓷在工艺、器型和装饰技法上都取得了显著的进步。这些陶瓷制品不仅丰富了人们的日常生活，也成为当时文化交流和经济贸易的重要载体。

桂州窑：500岁的"混血儿"

◆▶◀◆

中国古代陶瓷发展史，大致经历三大阶段。第一阶段是万年前陶器的发明，人类生活因此添彩，陶器时代正式拉开序幕。第二阶段是夏商之际，原始瓷出现，它成了君王贵族的心头好，但那时还是稀罕物，普通百姓难得一见。第三阶段则是东汉晚期，出现了成熟瓷器，规模化和专业化生产让它飞入寻常百姓家，中国瓷器的辉煌时代就此开启。而在这场陶瓷盛宴中，广西的参与有点"慢半拍"：第一个阶段独居岭南置身事外，第二个阶段基本是个旁观者，直到第三阶段才逐渐找到自己的位置。

考古证据显示，南朝晚期，广西才开始尝试烧制瓷器，而且还是受到外来技术的影响。随着隋朝一统天下，社会安定，瓷器行业也迎来了春天。大唐盛世，瓷业进入快车道发展，南方流行青瓷，北方流行白瓷，"南青北白"的格局逐渐形成。广西也不甘落后，青瓷生产如火如荼，桂林的桂州窑、北部湾的英罗窑，都是当时的明星窑口，广西终于掌握了瓷器生产的"秘籍"，让瓷器成为当地人生活的一部分。

桂州窑始建于南朝晚期，历经隋、唐、五代、北宋，延续

了 500 多年，是一个以烧造青瓷为主的古代窑口。其烧制时间之长、规模之大是广西已发现古代瓷窑遗址中少见的。同时，桂州窑也是已发现的岭南地区唯一的隋代至初唐瓷窑。

桂州窑首次发现于 1965 年，调查记录有 10 座龙窑，第三次全国文物普查确认残存 6 座。作为广西知名的隋唐时期窑口，桂州窑在国内也具有一定学术地位。1988 年和 2014 年的两次抢救性发掘更是让桂州窑的神秘面纱逐渐被揭开。

1988 年发掘共出土 2 座窑炉，均为龙窑，编号分别为 Y1、Y2。其中，Y1 为非常规龙窑，Y2 属于常见的龙窑。

1988 年桂州窑 Y1 发掘现场

2009 年第三次全国文物普查时期的桂州窑远景（苏勇供图）

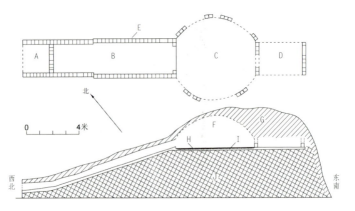

A.燃烧室；B.火道；C.窑床；D.烟囱；E.窑汗砖壁；F.窑壁；
G.表土层；H.沙土层；I.红烧土层；J.生土

桂州窑 Y1 平面图和剖面图

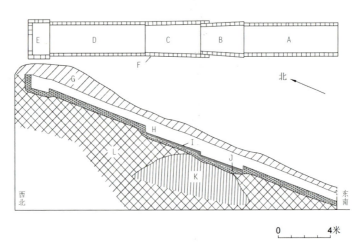

A.火道；B.一分室；C.二分室；D.烟道；E.烟囱；F.窑汗砖壁；G.表土层；
H.窑壁；I.沙土层；J.红烧土层；K.Y3堆积层；L.生土

桂州窑 Y2 平面图和剖面图

Y1 的特殊性在于其是一个"混血儿",蕴藏着南北文化交流的密码。从形制上看,Y1 无疑是龙窑,这是南方常见的烧造陶瓷的窑炉结构,具有鲜明的地域特征。然而,当考古专家深入剖析 Y1 的整体结构时,却发现它并非传统的龙窑,其前部是典型的南方龙窑,但后部却呈圆形:顶部高高隆起,呈半圆球形,底部为平底而非斜坡,整体形状像个马蹄,明显是北方常见的马蹄窑的结构。显然,这种构造是在南方传统的龙窑基础之上融合了北方马蹄窑的结构。除了窑炉结构,出土文物如碗、高足杯、伞状器托、三叉形垫具等,也同样具有明显的中原文化因素。

2014 年的发掘,共分四个工作区,总发掘面积约 800 平方米,清理了 1988 年发掘出土的 Y2 一段,同时发掘出土大量疑似砖瓦窑的马蹄窑,以及制作陶瓷器产品的相关作坊。出土遗物包括大量陶瓷产品及建筑陶制品材料,如陶佛像、武士像、莲花纹砖、莲花纹瓦当等。这些遗物以隋唐时期的为主,也有宋代的。本次考古发现意义重大,特别是对桂林城建研究及佛教寺庙研究具有重要学术价值。

在发掘出土的作坊遗迹中,第 I 发掘区的一座圆形作坊遗迹尤为引人注目。这处遗迹发现于黑色腊土层下,为一单层砖砌圆形练泥池,直径约 6 米,内存残余白膏泥,池底为黄色垫土层,考古专家初步判断其年代属于隋唐时期,是岭南已发现的最早的瓷作坊遗迹。

窑炉发掘平面　　　　　　　　　　马蹄窑窑门

马蹄窑发掘现场

2014 年发掘出土的马蹄窑（苏勇供图）

2014 年发掘出土的废品堆积（苏勇供图）

2014 年发掘出土的练泥池遗迹（苏勇供图）

南北窑炉结构的差异，反映出南北文化对瓷器烧造的不同
理解。北方更注重质量，马蹄窑烧造过程中，窑炉温度更均匀，
有利于保证陶瓷的品质。而南方更多在保证质量的基础上追求
产量，龙窑窑炉长，为保证窑炉温度均匀，常需要在龙窑侧边
相隔一定距离设置投柴孔，事实上。龙窑的烧造技术要求更高。

桂州窑 Y1 正是南北方瓷业技术融合的产物，它或许与桂州窑生产的产品类型密切相关。Y1 发掘出土了大量具有北方文化因素的窑具，如三叉形支钉和伞状器托，这些文物无疑是南北文化交流的见证。除此之外，Y1 还大量烧造日常生活用器和文房用具，其中生产的碗、高足盘、高足杯、高领四耳盘口壶，与湖南和江西同时期窑口生产的类似，生产年代主要在南朝晚期至初唐。Y1 生产的高圈足盘，器盘内装饰印花的风格，常见于长江流域的遗址和墓葬中。这类器物在桂林一带墓葬和遗址中也有发现。而 Y1 生产的高足细脚杯，具有较为典型的隋代风格，与钦州久隆南朝至初唐墓葬出土的玻璃杯风格一致。这类器物在湖南及中原地区也有发现，可能是身份的象征，进一步证明了桂州窑与周边地区存在文化交流。

桂州窑还有另外一些更为引人注目的产品，就是大量烧造的陶佛像、武士像及建筑材料。特别是部分佛像中兼有印度元素，有研究认为可能是印度佛教通过海上丝绸之路南边路线传入广西桂林，这也是中外文化交流的证明。

虽然在中国陶瓷考古中，桂州窑的地位不算高，但其对于研究岭南南朝晚期至初唐时期的陶瓷史具有重要意义。特别当前在贯彻落实习近平文化思想的背景下，要从考古遗产本体开展考古阐释，讲好考古故事，活化利用好考古遗产，赓续中华历史文脉，铸牢中华民族共同体意识，桂州窑无疑是一个重要的文化载体。

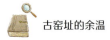

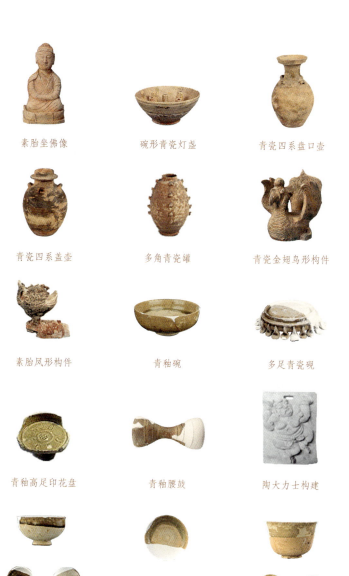

素胎坐佛像　　　　　碗形青瓷灯盏　　　　青瓷四系盘口壶

青瓷四系盖壶　　　　多角青瓷罐　　　　青瓷金翅鸟形构件

素胎凤形构件　　　　青釉碗　　　　　多足青瓷砚

青釉高足印花盘　　　青釉腰鼓　　　　陶大力士构建

青釉碗　　　　　　　青釉盘　　　　　青釉杯

桂州窑出土的隋唐五代遗物

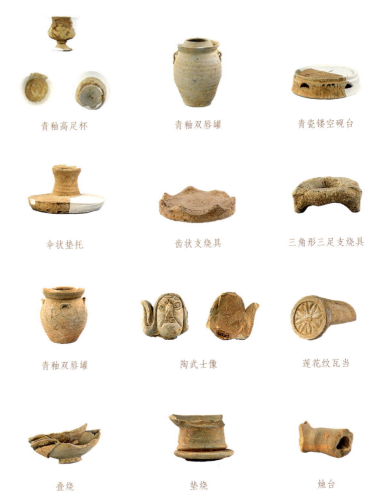

青釉高足杯　　　　　　　青釉双唇罐　　　　　　　青瓷镂空砚台

伞状垫托　　　　　　　　齿状支烧具　　　　　　　三角形三足支烧具

青釉双唇罐　　　　　　　陶武士像　　　　　　　　莲花纹瓦当

叠烧　　　　　　　　　　垫烧　　　　　　　　　　烛台

桂州窑出土的隋唐五代遗物（续）

青瓷碗

青瓷盘

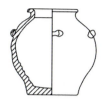
青瓷四系罐

青瓷四系罐

青瓷双唇罐

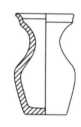
青瓷盘口壶

桂州窑 Y2 出土的日用青瓷器线图

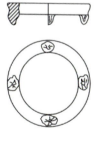

支钉圈

锯齿形支具

桂州窑 Y2 出土的装烧工具线图

力士构建

兽面纹砖

兽面纹砖印模

莲花纹瓦当

2014年桂州窑发掘出土的部分文物（苏勇供图）

为何偏偏是桂林？

◦ ►◀ ◦

从瓷业技术发展历史可知，东汉中晚期出现了成熟瓷器，但此时广西的本地窑口仍以生产釉陶和硬陶为主，未见瓷器生产的窑址。是广西人不喜欢瓷器，还是技艺尚未达到烧造瓷器的水平，抑或是考古工作尚未发现？其中的原因，恐怕只有历史才最清楚。

时间的车轮滚滚向前，转眼间来到了南朝晚期，桂州窑开始烧造青瓷。与此同时，北部湾一带，似乎仍处于内部竞争当中，未能率先掀起瓷业技术的变革浪潮。那么，为何岭南成熟瓷器的烧造偏偏发生在桂林，而非其他区域呢？这背后，其实有着深厚的文化渊源和地理优势。

桂林紧邻湖南，在文化上与之有着千丝万缕的联系。湖南的瓷器文化如同一股强劲的风，吹拂着桂林。加之桂林作为承载岭北汉人越过五岭南下的第一个州郡，受岭北文化影响较深，汉文化兴盛，民族融合较好。更重要的是，这里没有强大的家族豪强势力干预，王朝秩序稳固，为瓷器的烧造提供了稳定的社会环境。相比之下，其他区域如北海、钦州、容县等地则是地方豪强林立，王朝秩序管理相对薄弱，这无疑对瓷业的发展造成了一定的阻碍。

如果我们从更广阔的视角来审视这段历史，就会发现，自秦统一岭南并推行郡县制后，岭南便正式纳入统一国家的行政版图。汉武帝时期，更是在秦制基础上细化了郡县布局，强化了中央对岭南的统一管理，并在水路要道设置了县一级国家机构，控制着重要的枢纽位置，为历代中央政权管理岭南奠定了坚实的基础，也为后期岭南的蓬勃发展带来了机遇。然而，令人意外的是，汉代郡县主要分布在今湘桂线以东地区，看来即使强大的汉朝，对这片地区也以怀柔政策为主。南越国时期，对岭南少数民族采用"和辑百越"政策，只要遵从王权秩序的，甚至可以被封王，如"西瓯王""骆王"等。汉朝也是如此，如对广西西林至云南广南一带的勾町封王。这种封王制度在隋唐及之后演变为羁縻制度、土司制度，中央政权对此类制度下民族群体的经济发展秩序干预较少。这种自给自足的经济体，在瓷业生产进入商品时代或从唐代逐步迈入宋代"大航海时代"后，便显得有些力不从心，影响了岭南地区瓷业的扩张发展。

而反观桂州（今桂林市），则是一片祥和之景。这里较早受到北方汉文化的影响，同时又是重要的政治经济中心。岭北前往岭南的通道中，湘江—漓江—桂江通道是较为重要的一条，因此桂州成为南北交流的桥梁。在恭城、平乐、昭平、钟山等地出土的湖南长沙窑瓷器，以及古遗址和古墓葬中大量湖南岳州窑瓷产品的发现，都表明桂州地区经济和文化交流频繁。而历史研究也证实，瓷业生产往往需要一个稳定的政治环境、流

通的市场环境、宽松的政策环境和移民环境，等等，而桂州恰恰具备了这些条件，因此，南朝至初唐，以桂州窑为代表的瓷业首先落户于此，并非偶然。当然，桂州窑的规模和产量毕竟有限，无法全面覆盖整个广西。特别是容州（今容县）已具有一定的国际声望，如容县出土的唐代波斯釉陶就证明了容州与阿拉伯国家之间的交流历史。然而，桂州窑烧造的产品在容县却未有出土，这背后其实还是受到地方豪强势力统治的影响。

直至盛唐时期，中央政权加强对岭南的治理，打破了既有的豪强割据势力。在此背景下，北部湾区域的瓷业迅速崛起，并快速占领广西市场，成为时代的领航者。

英罗窑：引动风云的北部湾明珠

◆▶◀◆

　　自西汉王朝在合浦设立海上丝绸之路始发港以来，北部湾这片曾经蛮荒的土地便迎来了前所未有的大开发时代。然而，三国两晋的动荡让北部湾的发展暂时放缓了脚步。到了南朝至初唐期间，这里长期由俚人豪强宁氏家族管辖，经济自给自足，仿佛与世隔绝。但唐中期以后，地方豪强势力受到中央政权节制，北部湾再次被纳入国家的统一行政管辖之中，特别是钦州和防城港一带沿海运河的修建与通航，更是为北部湾的航运和沿海贸易注入了新的活力。这一时期，北部湾地区的瓷窑如雨后春笋般涌现，尤其是北海一带，更是成了瓷器生产的重要地区，其影响力远超过同时期的桂林一带。而在这片窑火连天的土地上，英罗窑犹如一颗明珠，照亮了北部湾前行的方向，让这片古老的土地自汉之后，再次引动风云。

　　英罗窑位于北海市合浦县山口镇英罗村塘尾水库东西两岸的丘陵斜坡上。该区域是一处西高东低的低矮丘陵斜坡地，植被葱郁，地势中间低陷、两侧凸起，仿佛是大自然特意为英罗窑准备的一个天然舞台。这里随处可见的破碎瓷器静静地躺在

<h2 style="text-align:center">北海发现唐代窑址一览表</h2>

序号	名称	地点	保存状况	窑形	瓷系	主要产品
1	英罗窑	合浦县山口镇英罗村塘尾水库东西两岸	部分被水库等工程损坏	龙窑	青瓷	碗、碟、罐、瓮、盘、盆、豆、盒、壶
2	芋头塘窑	铁山港区南康镇雷田村委芋头塘村	被虾塘工程破坏严重		青瓷	碗、碟、罐、瓮、盘、盆、壶、钵等
3	晚姑娘窑	铁山港区南康镇里头塘村委晚姑娘村	部分被取土工程损坏	龙窑	青瓷	少量燧石石片和少量夹砂陶
4	东江岭窑	铁山港区营盘镇白龙社区坪底村东江岭	被取土工程损坏		青瓷	碗、碟、罐
5	瓦窑岭窑	合浦县星岛湖镇洪潮村委石水坡村瓦窑岭	被水渠损坏		青瓷	碗、碟、罐

灌木草丛中，等待着世人去发现它们的秘密。

　　说起英罗窑的发现，还有一段传奇的故事呢。20世纪70年代，合浦塘尾水库的建设工程正如火如荼地进行着，在一次爆破取土的过程中，工人们意外地发现了大量瓷器。这一发现立刻引起了考古工作者的关注，经过进一步确认，这里竟然隐藏着一处大型窑址！据传此处原本有72处窑，但可惜的是，大多数都因修建水库毁坏不存，剩下的也因当地农业生产及海岸线变迁而遭到了破坏。

　　从发现到发掘前，英罗窑的文化面貌一直未能让世人窥全，

英罗窑环境航拍图

这也让考古工作者难以开展全面研究。直到 2015 年，广西文物保护与考古研究所为深入研究海上丝绸之路，终于对英罗窑址进行了系统的考古调查及试掘。这次发掘面积为 110 平方米，试掘区在窑址西区、水库溢洪道东侧，虽然规模不大，但却收获颇丰。考古工作者在这里发现了 1 座唐代龙窑、1 组练泥坑及不少宋代遗存，为揭开英罗窑的神秘面纱提供了宝贵的线索。

英罗窑的窑炉为龙窑，出土器物则以唐代青瓷器为主，种类繁多，有瓮、罐、壶、盒、盆、盘、碗、碟、盂、擂钵、纺轮、网坠，也有较多宋代青白瓷。由此推测，英罗窑始烧于晚

出土龙窑

出土龙窑

练泥池

地层堆积

英罗窑发掘情况

唐，产品为厚胎薄釉，胎为白色，细腻，原料为高质量的高岭土；釉主要为青绿釉，釉面有冰裂纹，器表常见流釉或聚釉现象。值得关注的是，英罗窑釉中常以铜为着色剂，这也是所出瓷器精致且釉面呈一种淡青翠绿感的原因。这种釉料配方在北部湾及雷州半岛同类瓷器中很常见，可见是该区域施釉的传统技艺。

除了釉色独特，英罗窑的瓷器在造型上也别具一格。比如碗较浅，大敞口，碗内平，上常见方块粗支钉痕；罐有大小、高矮之分，整体瘦长，双耳或四耳或无耳，耳为半环耳，有横耳和竖耳，肩部常见刻划符号。桂州窑晚期也少量烧造此类罐，但釉色较差。

值得一提的是，英罗窑还烧造了大量的大型青釉瓮和罐，此类器物在印度尼西亚出水的唐代沉船"黑石号"上也有发现。专家研究认为，这类大瓮和罐可能用于装载小件瓷器或其他产品。虽然目前还无法确定英罗窑烧造的大青釉瓷罐是否与"黑

英罗窑出土的瓷器

石号"出水产品相关，但不可否认的是，英罗窑的兴烧或与海上丝绸之路相关。从技术特点而言，英罗窑与江西洪州窑有着相似之处，同时也与粤东地区的水车窑有着技术上的联系。

"黑石号"沉船出水的北部湾一带唐代窑口青瓷

可以说，英罗窑的发现，不仅为学术研究提供了宝贵的实物资料，也具有重要的文化意义。它像一颗北部湾海岸上冉冉升起的文化明珠，不仅促进了区域经济的发展，还加快了民族文化融合的步伐。

顺应时代的技术革新

◆▶◀◆

　　桂州窑和英罗窑兴烧，是陶瓷技艺交流与市场拓展的必然产物。一方面，外来窑工的涌入，带来新的陶瓷制作技术，为这片土地注入了新的活力；另一方面，大唐盛世的繁荣景象，使得瓷器从昔日的奢侈品转变为寻常百姓家的日常用品，加之海外贸易兴盛，瓷器作为重要的商品，其流通范围日益扩大。

　　然而，瓷器作为一种易碎品，长距离运输带来的损耗及成本问题不容忽视。与此同时，三国两晋南北朝时期社会动荡，大批北方人南迁至岭南，他们不仅带来了新的消费需求，也对瓷器的品质提出了更高要求。

　　桂州窑，坐落于漓江西岸，其选址之妙，在于紧邻河道码头，便于瓷器的水运。此外，当地丰富的瓷土和燃料资源，也为瓷器的生产提供了得天独厚的条件。桂州窑的兴盛，还得益于其对地方市场的精准定位，窑址距离当时桂州治所不过2千米。有了原料、市场，还需要强大的技术力量。桂州窑的窑工或来自湖南，或为北方南迁而来。他们带来了各自的技术风格，使得桂州窑的瓷器呈现出南北融合的独特风貌。尤为值得一提的是，桂州窑所烧造的佛像、武士像和金翅鸟等作品，技艺精湛、形象生动，远超邻近的湖南、江西、广东等地，而在当时只有北方窑工能够达到这样的技术水平。由此可见，北方窑工南下，带来的不仅仅是新技术，更是一种文化的传承与创新，将南方的龙窑技术和北方的马蹄窑技术融合创新，烧造出独具特色的陶瓷产品，极大地丰富了广西的物质文化。

相对于桂州窑的内陆风光，北部湾的英罗窑则是另外一番海滨盛景。从合浦山口至钦州湾，均有零星窑场分布，每当夜幕降临，窑炉的高温热气和烟火，交织成一幅绚丽的画面，仿如海岸边的一盏明灯，为赶海人指引方向。

然而，美丽的海景背后，隐藏着窑工面临的严峻挑战。暴风雨和台风的频繁侵袭，对他们的生命与财产构成了巨大威胁。因此，掌握判断天气变化的能力，成为窑工必备的生存技能。他们之所以选择在这片风险重重的海边扎根，原因有三：一是优质的瓷土资源，英罗窑的瓷器以洁白细腻著称，且质地坚硬，这得益于当地高质量的高岭土；二是便利的航运条件，既可以通过海上丝绸之路参与国际贸易，又可借由南流江进入内陆市场；三是精湛的烧造技术，能够满足市场的多样化需求。从出土情况来看，英罗窑的产品不仅遍布广西各地，甚至远销至桂州窑的势力范围，其质量之优，连桂州窑也难以匹敌。即使与广东同类产品比较，英罗窑产品也体现出"青出于蓝而胜于蓝"的技艺水平。其瓷器的造型与施釉工艺，虽带有江西洪州窑的影子，但更可能源自广东东部的水车窑，或是传承自广东新会一带。然而，英罗窑能够烧造出淡青翠绿、釉色独特的青瓷，却是其独树一帜的标志。

两种文化的水乳交融

◆▶◀◆

    区域性瓷业烧造，往往有特定的消费群体，这是建立在对产品的文化认同上。桂东北区域，由于与湖南邻近，且有水道沟通，早在汉代，这里便设立零陵郡，其行政辖地覆盖南至阳朔县，北至湖南永州，甚至有研究认为零陵郡的治所始安县就在今兴安至全州一带，可见湘桂之间联系密切。这种联系在后续的历史发展中得以延续，使得桂林北部长期受湖南管辖，因此，以内陆江河为纽带的桂州窑，其产品自然带有浓厚的内陆江河文化特征，主要满足内陆百姓日常生活需求。

    而以英罗窑为代表的北部湾窑址群，则更多地依托海洋资源，沿着海岸线布局。如广东梅州水车窑、新会官冲窑等，均临近海岸，他们主要生产适合外销的瓷产品，当然也有内销。这种瓷窑布局以海上交通为主、内陆江河为辅，具有明显的海洋性文化特征，向外扩张明显。

    这两处窑址的不同特征，从考古发现中可以探寻。在广西隋至初唐的遗址和古墓葬中，有大量瓷产品出现，这代表瓷器已经在广西广泛使用，并深入民间；但从瓷产品特征观察，大多数产自岭北地区，特别是湖南和江西的窑口，本地生产的相对较少，主要为桂州窑生产的青釉瓷器。此时，北部湾沿海地区的瓷业还在孕育当中，无法与桂州窑形成正面竞争。随着英罗窑的崛起，北部湾的青瓷产品不仅向海外销售，也大量销售至内陆地区，对桂州窑构成了挑战。甚至在桂州窑晚期，也出现了类似英罗窑产品的青瓷。这一变化在广西桂林以南的墓葬中得到了体现，随葬品中频繁出现北部湾瓷窑的瓷器，反映出北部湾海洋性瓷业的强劲扩张，及其对桂州窑衰落的影响。

北海晚姑娘窑址出土的瓷器

广西平乐木关汀唐墓随葬品

隋唐五代时期，广西南北两地成熟瓷器生产先后兴起，标志着包括广西在内的岭南地区完全融入统一的多民族国家体系中。桂州窑的兴起，是国家文化思想对岭南地区作用的结果，是文化认同的表现。而晚唐五代时期北部湾瓷业的崛起，则预示着"大航海时代"的来临，为北部湾的再次辉煌奠定了坚实基础。这一时期，广西的瓷业竞争从单一走向多元，南北两地相互借鉴、相互融合，共同推动了陶瓷技艺的进步与文化的发展。瓷业的竞争与交流，不仅促进了文化的交流与融合，还促进了民族、经济、制度等多方面的融合与发展。

钟山燕塘唐墓随葬品

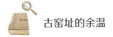

扫码获取更多资源

宋元时期：
盛世瓷宴铸实陶瓷之路

　　宋元时期，广西的瓷器生产达到历史巅峰，宛如璀璨星辰闪耀在历史长河中。尽管元初之后这颗瓷器之星的光芒逐渐暗淡，但其辉煌成就依然不容小觑。那些领航时代的匠人，用他们的智慧和汗水，创造出了足以流传千古的广西瓷器瑰宝。

前所未有的繁荣

◆▶◀◆

五代十国割据结束后，国家再次统一，赵氏建立大宋。然而，宋王朝虽然实现了政治上的统一，但仍面临北面和西北面民族政权的威胁。这些威胁如同巨石，横亘在北宋向西的陆路贸易要道上。面对这一困境，北宋借鉴了唐代海外贸易的成功经验，大力发展海外贸易。与此同时，海外贸易增长导致钱币外流的问题引起了统治者的关注。宋嘉定十二年（1219年）朝廷下令，交易时不再直接付现钱，而是以货物的方式等价交换，"以金银博买，泄之远夷为可惜，乃命有司止以绢布、锦绮、瓷漆之物博易"。这一政策的实行，给陶瓷行业带来了一个新的契机，瓷器担当了"货币之属"的角色，被大量支付给外商。

在此背景下，宋瓷因物美价廉、精美如玉等特征，受到海外商贾追捧，大量宋瓷通过大船走出国门，流向世界各地。宋代走出了一条完全不同于汉唐时期海上丝绸之路的道路，以至于有学者称之为"海上陶瓷之路"。水下考古工作者也在广阔的海底中发现大量运输中国瓷器的沉船。中国海外贸易较前获得快速增长，开启"大航海时代"。随着海外贸易的激增，中国瓷器产业迎来了前所未有的发展机遇，窑火连天之势蔓延至全国各地。广西紧紧把握机会，开始瓷业生产布局，形成了百花绽放、相互争艳的繁荣局面。江河两岸，山间溪涧，到处可见窑火连天的场面，民间甚至流传着"九十九条大龙窑"的盛景传说。考古调查和发掘确认，这一时期广西的瓷业生产涵盖青瓷、青白瓷、黑釉瓷、窑变釉瓷四大品种，并以青瓷和青白瓷为主。南宋中晚期，还出现了仿钧窑、仿建窑的窑变釉瓷和黑釉瓷。

　　一片瓷片，一个故事；一座窑址，一段历史。这些散落在广西大地上的瓷片和窑址，共同谱写了广西古代瓷业生产的巅峰故事。

湘江岸边瓷片遍地的全州江凹里窑址

一条奇妙的地理分界线

◆▸◂◆

　　在研究宋元时期广西各地瓷窑空间分布时，考古工作者发现了一条奇妙的地理分界线。这条分界线以大桂山、大瑶山、十万大山为界，将广西的瓷业生产区域一分为二：以北以西地区主要生产青瓷，而以东以南地区则主要生产青白瓷。更神奇的是，这条地理分界线似乎与广西现代的族群和语言分布相关。宋元时期青白瓷的生产区域，正是传统广府人和客家人的居住区域，他们的语言主要为白话和客家话；而青瓷生产的区域，则是传统多民族聚居之地，如壮族、瑶族、苗族、侗族、彝族等，他们的语言主要为各民族语言和西南官话。

　　为了探索这条奇妙的地理分界线背后的奥秘，并赋予其合理解释，考古工作者查阅了大量文献，比对两个区域及全国对应窑口的瓷业技术，并从民族资料中寻找答案，不断追踪溯源。研究认为，这条地理分界线，最早可能形成于西晋时期，与岭南的移民史、地方文化传统、瓷业技术交流、水路交通路线等密切相关。

　　西晋"八王之乱"后，中原汉人大量迁徙至南方，也有一部分迁徙至岭南。广西的玉林、贵港、北海一带，成为这些汉人的最佳择居地。桂林一带，因邻近湖南，加之秦修建灵渠和武则天修建古桂柳运河，自古便是五岭南北文化交流主要通道。同时，岭南相对稳定的社会状态，也吸引了北方的汉人。隋唐时期，广西岭南最早的瓷器生产者，就是通过湘江—漓江通道进入桂林一带置窑烧瓷。甚至广西最早的龙窑——马山窑，也受到湖南瓷业的影响。北宋早期，湘江—漓江一带的青瓷产品，与湖南衡州所产的基本相同，而且主要生产区域就位于湘江和漓江沿岸。桂中一带也是重要的仿烧衡州窑瓷的生产区，甚至影响到田东和忻城的红水河地区，从而造就了桂东北和桂西北青瓷生产的辉煌，形成传统的青瓷生产区域。这些区域建立了自己的瓷业生产体系，非青瓷体系的生产很难打破这种固有传统。

同样，在唐五代时期，桂东南及北部湾窑址群的技术与广东水车窑同源。而在粤西一带，发现了大量晚唐至五代时期的青瓷窑，这些窑所产的瓷产品与广西北部湾所见的瓷产品属于同一技术体系。随着"衣冠南渡"的汉人南迁至岭南，他们与当地俚人长期混居于粤西和桂东南一带，且存在通婚现象，长期的文化交融使得该区域的北人、汉人、当地人之间形成独特的文化认同。因此，在宋元时期的桂东南区域，景德镇的青白瓷技术得以落地生根。当然，宋元时期的桂东北和桂东南，也烧造自己不擅长的瓷产品，如桂林灵川和临桂曾短暂烧造过青白瓷，容县城关窑也烧造青瓷，但这些瓷业生产属于短暂的现象，没有形成大气候。即使在黔江和郁江一带的桂平地区，作为联结两大区域的纽带，虽然青瓷和白瓷共生，但青白瓷质量相对较高，青瓷生产水平总体较低。

可以说，宋元时期广西瓷业生产中所出现的这条奇妙的地理分界线，是多重因素共同作用下的必然结果，也是历史最终的选择。瓷业生产在其中起到了重要的推动作用，通过产品对外交流，不仅丰富了广西的物质产品种类，还推动了民族融合发展。在这样的背景下，不同区域间的瓷业生产也相互影响、相互借鉴。例如，在传统青白瓷的生产区域中，容县城关窑在北宋中晚期也曾生产过青瓷，而桂林一带的部分青瓷窑口，也曾生产过青白瓷。最有意思的是，在瓷器的装饰上，两地瓷业产品采用了相类似的工艺，如印花装饰，青瓷有，青白瓷也有，而且均采用模印花技术，装饰的纹样也几乎相同。特别是缠枝菊印花盏，两地均有，而且大小尺寸、造型纹样几乎一致，唯一的差异在于釉色不同。这些对装饰美感的共同欣赏，体现出宋元时期广西瓷业生产者和市场消费者审美的共通性，以及对文化的高度认同。而分析这些印花纹样，可以发现它们最早源于陕西的耀州青瓷，随后在河北、河南流行，并最终影响至南方特别是岭南地区。岭南的多个窑口都烧造过印花瓷器产品，如广西的藤县中和窑、容县城关窑、北流岭垌窑、永福窑田岭窑、兴安严关窑，以及著名的外销瓷窑口广州西村窑等。由此可见，印花纹样不仅体现了瓷器的美感，还体现出广西乃至岭南地区对北方技术的认同，对中原文化的认同，以及对统一多民族国家的认同，是岭南对中华历史文脉传承过程的重要见证。

"九十九条大龙窑"真的存在吗？

◆▶◀◆

在"大航海时代"的推动下，宋元时期的广西瓷业生产规模远超历代，达到历史巅峰。考古工作长期的田野调查和发掘表明，这一时期广西瓷窑林立，遍布各地。民间流传着九十九条大龙窑喷吐的火焰红遍半边天的传说，虽然这或许是群众对昔日盛景的夸张描绘，但我们不妨把它当作一段富有诗意的叙事，它至少表明了宋元时期龙窑的壮观与繁荣。尽管现实中没有发现九十九条龙窑，但宋元时期龙窑的存在是确凿无疑的，那时窑火连天、蔚为壮观的烧造场面，也可能真实存在过。

经过考古工作者的辛勤努力，在广西已发现数十处宋元时期的龙窑遗址，主要分布在大江大河两岸的丘陵山坡中。特别是江河的主干流域，更是瓷业生产的重点布局区域，如湘江岸边的全州江凹里窑和青木塘窑，灵渠岸边的兴安严关窑，漓江岸边的桂林上窑，洛清江西岸的永福窑田岭窑，柳江岸边的柳城县柳城窑，北流河畔的藤县中和窑、容县城关窑，黔江流域的武宣陈家岭窑和桂平西山窑，红水河岸边的忻城红渡窑，郁江河岸的桂平窑岭村窑，贺江岸边的富川秀水窑，等等，都是宋元时期广西瓷业的重要代表。

当然，除了这些沿江沿河的瓷窑，在山间密林和溪涧也存在一些瓷窑，如北流的岭峒窑，所在区域仅有一条溪流通过，且距离北流市 60 多千米，远离主干北流河。从市区到岭峒窑，需穿行密林河谷，翻越数十座丘陵山坡，这还是在现代便捷的交通条件下。在古代，瓷器属于易碎品，主要通过行船运输，因而雨季或山洪期间无法运输，旱季河床干枯也同样无法行船，可以想象岭峒窑产品向外运输的艰难程度。同样的情况也存在于田东的平圩窑、桂平的伟扬窑等窑址。深山密林中的瓷窑不少，只是受限于环境，考古发现有限。或许在江河两岸的灌木草丛中、密林深处的山间溪涧，红土地下埋藏着惊天的窑口，等待着考古工作者的发现。

为了深入了解和研究宋元时期广西的瓷业技术，自 20 世纪 60 年代以来，广西已对多处瓷窑开展考古发掘工作。其中，严关窑、窑田岭窑、中和窑是发掘工作的重点。它们作为宋元时期广西瓷业生产的典型代表，展现了各个时期的生产特点和技术水平。通过这些考古发现，我们得以窥见宋元时期的广西陶瓷生产史。

◆ 严关窑："入窑一色，出窑万彩"

严关窑位于广西兴安县严关镇灵渠东岸的坡地上，1956 年首次被发现。1962 年，广西壮族自治区博物馆历史考古组方一中、黄增庆等老一辈专家对严关窑址进行调查，确认了严关窑的时代性质。此后，经过三次小规模的发掘。1983 年在瓦渣堆

2024 年严关窑调查时的窑口（红色区域）

严关窑 Y1 发掘现场

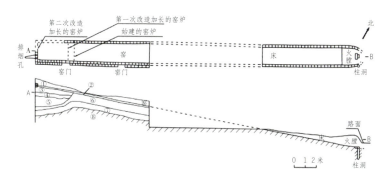

①表土层 ②深褐色沙土层 ③夯实红烧土层 ④褐色黏土层 ⑤废品堆积层

⑥褐色沙黏土层 ⑦黄色沙砾层 ⑧黄色黏土层

严关窑 Y1 平面图和剖面图

发掘一条斜坡式龙窑，窑炉残长 27.5 米。

严关窑的产品种类繁多，包括青釉瓷、酱釉瓷、窑变釉瓷。其中，窑变釉瓷是严关窑的标志性产品，也是产品中的主体，釉色有月白、天蓝、墨绿、兔毫、玳瑁等。窑变釉瓷，是一种特色釉瓷产品，在中国古代以河南钧窑产品最出名，其次是福建建窑产品和江西吉州窑产品。钧窑是宋代八大名窑之一，其产品是皇家指定用瓷，有"入窑一色，出窑万彩"之称。严关窑的窑变釉瓷虽没有钧窑的出彩，但同样具备"出窑万彩"的神奇效果。窑工通过精准的温度控制，烧造出多种釉色相互交融的瓷器，如黑釉中带有丝丝兔毫，月白釉中带有墨绿丝彩，墨绿釉中又隐含丝丝月白，各种釉色相互融合，形成了独具特色的艺术品。

当然，严关窑初期产品中，主要还是青瓷和酱釉瓷。这类产品常装饰复杂的模印花，以植物花卉和海水游鱼为主题，造型多样。为了烧造出窑变釉，严关窑摒弃了传统的匣钵装烧方法，采用明火装烧。虽然这一创新造成了大量废品，但却烧造出了品质卓越的黑釉瓷和窑变釉瓷。所谓失之东隅，收之桑榆，这种得失之间的转换，完美阐释出宋代理学和道家哲学中的"得失"观念。考古调查和发掘显示，广西各地南宋时期遗址中常见的严关窑产品，不亚于同时期的中和窑产品，由此可见当时严关窑的产品颇受欢迎。此外，严关窑的产品也符合宋代斗茶文化的需求，尤其是黑釉瓷因其独特的色泽和质感而备受青睐，成为斗茶活动中的首选之器，甚至得到宋徽宗的赞赏："盏色贵青黑，玉毫条达者为上。"

严关窑出土的瓷器

❖ 窑田岭窑：中原文化南来的中转站

窑田岭窑，这一隐藏在广西永福县永福镇南雄村至广福乡大屯之间洛清江两岸河谷丘陵坡地上的古窑址，被苍翠的山林与碧波荡漾的江水环绕，仿佛一幅静谧的山水画。1975年，一次普通的公路修建，意外打破了洛清江的宁静，大量宋代瓷器的出土，如同历史的闸门被猛然推开，窑田岭窑的秘密由此揭开，也引发了学界对于《岭外代答》和《桂海虞衡志》记载的"静江腰鼓"的产地之争。这场发现，不仅让人们从枯燥的文字描述跃入鲜活实物的视觉盛宴，还深刻理解了"油画红花纹以为饰"这一独特腰鼓装饰风格的真正含义。

窑田岭窑环境远景（上图）和俯拍图（下图，苏勇供图）

窑田岭窑经过两次发掘，第一次发掘是在 1979 年，当时在这里发掘出 2 条龙窑窑床。第二次是在 2010 年，发掘地点包括窑田岭和塔脚岭，新发现 8 条宋代龙窑和 1 处宋代瓷器作坊。通过分析这些发掘收集到的瓷产品，考古工作者发现窑田岭窑主烧青瓷，其次为酱釉瓷，少量窑变釉瓷。窑田岭初烧时间大致在北宋早期，主烧衡州窑瓷。北宋中期，这里开始烧造精致典雅的印花青瓷。南宋晚期至元初，窑田岭窑已逐渐走向衰落，但它依然创造了宋元时期广西青瓷烧造的巅峰。那些清淡高雅的翠绿瓷、高贵耀眼的铜红釉，以及风靡一时的"油画红花"瓷细腰鼓，都成为时代的传奇。

1979 年发掘的窑田岭窑 Y1 和 Y2

宋元时期：盛世瓷宴铸实陶瓷之路

2010 年窑田岭窑址地貌环境和发掘现场

2010 年窑田岭窑发掘出土的窑炉（左为 Y1 和 Y2，右为 Y8 和 Y9）

 古窑址的余温

窑田岭窑鼎盛时期，在窑田岭和徐水冲等，所烧造的瓷产品主要为青绿釉。为了能够烧出最纯净的"绿"，窑工经过长期实践，创造性地在釉料配方中增加铜元素。然而，铜离子的不稳定性对窑炉的要求极高，需要既适合烧造又耐高温的窑炉，为此，窑工对窑炉的尺寸进行了相应的调整。从发掘的实际情况来看，凡是烧造高温翠绿釉产品的窑炉，窑壁上常见约 10 厘米厚的玻璃质窑汗。烧制产品时，木材在窑炉中烧尽后变成灰烬；高温下，窑炉内的火焰自下而上爬升，产生高温热浪气流；在密闭的窑炉中，这些气流携带灰烬到处飘散并附着窑炉壁上，经过高温烧结会融化成乳状玻璃质。这种乳状玻璃质便是所谓的"窑汗"，它们依附于窑炉的两侧和顶部窑壁，且在高温中不断扭曲蠕动，有的自上而下流动，有的如水滴状下落，为窑炉增添了几分神秘色彩。

高温下形成的玻璃质窑汗

匣钵

地层堆积中的腰鼓及其他瓷器

作坊练泥池出土的腰鼓

印花模

窑田岭窑出土的瓷器

高温铜绿釉

高温铜红釉

各式腰鼓

"崇宁四年"拓片

窑田岭窑出土的瓷器（续）

值得一提的是，窑田岭窑还出土了大量蘑菇形的印花模。其中最早的一件为"元封二年"（1079年，"封"应为"丰"）荡箍，最晚的为"……熙五年"印花模。这些纪年器的出现，既为确定窑田岭窑的烧造年代提供了证据，也为鉴定瓷器年代提供了重要的断代标准。

窑田岭窑的产品特殊性在于，其蕴含了诸多北方瓷业技术的信息，以至于有学者把窑田岭窑定义为"中原文化南来的中转站"，足见窑田岭窑在古代南北文化交流中的重要地位。

◆ 中和窑：广西唯一的"国家队"成员

在广西藤县藤州镇中和村，北流河东岸，静静地躺着一处历史的宝藏——中和窑。对考古研究而言，它的发现无疑是历史的一次馈赠，但对于当地民众来说，它的现世却伴随着一场突如其来的天灾。

1963年，一场瓢泼大雨降临中和村，雨水如猛兽般冲破丘陵沟壑，肆虐田间地头，导致大片良田被淹，大量民房倒塌，

中和窑窑址群航拍图（苏勇供图）

给群众造成巨大损失。然而，正是这场暴雨，意外冲出了一处沉睡千年的国家级宝藏。

暴雨过后，村民惊讶地发现，在流水冲毁的岭坡断面上，出露了大量的陶瓷片，他们随即向上级部门汇报。恰逢当时广西壮族自治区文物培训班和梧州地区文物考古培训班正在附近举办，专家得知消息后，迅速前往中和村进行调查。经过仔细勘探，专家认为这是一处大型宋代窑址群，在长达 2 千米，宽约 0.5 千米的范围内，共有 9 处地点烧造青白瓷。就这样，埋没千年的中和窑重见天日，其圆润透光的影青瓷和繁复精美的装饰，让世人得以领略千年前大宋的繁荣景象。

1965 年，广西壮族自治区文物管理委员会对中和窑展开复查，并在肥马岭试掘，所出土龙窑编号为 Y1。1975 年冬，我国著名人类学家、中山大学教授梁钊韬带队在芝麻坪试掘，发掘出土一条龙窑，编号 Y2。这两次试掘出土了大量精美的青白瓷产品和制瓷工具，为研究中和窑提供了宝贵的实物资料。

如今，从藤县滕州镇出发，沿着北流河岸旁的机耕路前行，临近中和村时，会经过一处水坝，过了水坝，便进入了中和窑烧造区域。公路边和田坎间，随处可见散落的青白瓷碎片。继续沿着公路，来到中和村小学的后山，这里便是 1965 年 Y1 的试掘现场——肥马岭。此处为一处圆形窑山，当年试掘的斜坡式龙窑的窑炉痕迹依稀可见。窑体残长 51.60 米，最宽处约 3 米，最窄处为 1.5 米。此处烧造的青白瓷质量参差不齐，既有高品质的素色影青瓷，又有部分刻划或模印植物图案的瓷器。青白瓷瓷片在阳光下，泛着莹润的光泽，厚约 2 毫米的洁白瓷

中和窑肥马岭地点

胎上施有一层透明的薄釉，或带青，或带灰，或带黄。特别是青中带白的瓷片，是青白瓷中之精品，青色若隐若现，被称为"影青瓷"。专家评价中和窑生产的影青瓷是"青出于蓝而胜于蓝"，就是说中和窑的影青瓷技术虽然源于景德镇，但这里烧造的精品青白瓷质地却毫不逊色于景德镇原地生产的产品，甚至达到"以假乱真"的程度。因此，不少专家认为，在海外出土的青白瓷中，很多被粗暴地归为景德镇产品，而忽视了中和窑的存在。

沿着北流河继续向上游走，会经过一处码头。如今的码头已是一片衰败，毫无千年前中和窑产品装船运往各地的繁荣景象。过了码头，便来到芝麻坪地点。首先映入眼帘的是一方窑址保护碑，碑上刻有"全国重点文物保护单位"的醒目字眼。如果没有这块碑，或许你不会想到此地竟是一处有着千年历史的"国家宝藏"。静谧乡道两侧凌乱的布局，让人丝毫看不出昔日"昼则白烟蔽日，夜则红光冲天"的盛景。但若你走入村中，漫步在村中便道上时，你会在老旧的房屋和猪牛舍中见到整齐划一的匣钵墙，这显得颇为"奢侈"。而坡地、竹林、灌木、草丛中到处散落着青白瓷片，无人问津。这些现象，无不诉说着宋代中和窑的繁华与时代的变迁。

中和窑所烧制的产品造型美观，品种样式繁多。器胎质坚硬、细密，胎骨薄而洁白。釉质薄而润泽，釉色呈色较为均匀，以影青色为佳，白中带青，玉质感突出。产品类型上，涵盖碗、盏、碟、杯、洗、盒、钵、壶、罐、瓶、灯、炉、盂、熏炉、魂瓶、枕、腰鼓和印花模具等。装饰上，以素面装饰为主，也有刻划、模印花，其中以模印花最具特色，其线条精细，层次分明，含蓄有力，美观雅致，图案严密完整。纹饰同样丰富多彩，主要以缠枝花卉为主，还有折枝、海水游鱼、海水戏婴等。印花模具有尖状蘑菇形、半球状蘑菇形、平顶等式样，印面所刻花纹分阴阳两种，颇具特色。这些精美的中和窑产品不仅见

中和窑芝麻坪地点

证了宋代陶瓷业的辉煌成就，也为我们留下了宝贵的文化遗产和无尽的想象空间。

尽管中和窑已经历两次试掘，但依然有诸多谜团未能解开。例如，虽然已知中和窑的技术源于景德镇，但这里的青白瓷生产技术与广西同时期其他窑址的一样，似乎并不与景德镇同步发展。另外，考古发现和研究表明，海外尚未明确发现有属于中和窑的产品流落，这让我们产生疑问：是中和窑没有真正参与海外贸易吗？答案显然是否定的。从出土的中和窑产品情况来看，广西各地均有出土，特别是在宋代大型博易场——田东百银城遗址，就出土了大量的中和窑产品。同样，在桂林城市建设中，也出土了大量的中和窑产品。2005年，平乐县同乐村木关汀遗址中也发掘出土有中和窑的青白瓷产品。近些年的考古发现表明，中和窑的产品遍及广西。2011—2013年，在广州惠福西路南粤先贤馆的发掘中，也出土了2件可修复的中和窑模印花产品。这些产品与来自浙江的越窑和龙泉窑、广州的西村窑、景德镇窑的产品共存一地，是广西宋代瓷窑产品中已发现的销售最远的瓷产品。广州作为宋代参与海外贸易的重要博易点，出现中和窑产品应当是外销需要。因此，广州出土的中和窑产品成为当前研究中和窑及北流地区青白瓷外销的最直接考古证据。

中和窑出土的瓷器（藤县博物馆供图）

宋代横山寨博易场——田东百银城遗址（引自广西文物保护与考古研究所《广西基本建设考古重要发现》）

田东百银城遗址出土的瓷器（引自广西文物保护与考古研究所《广西基本建设考古重要发现》）

灿如流星的时代风物

◆ ▶◀

纵观考古出土的宋元时期广西瓷产品，翠绿釉瓷、铜红釉瓷、影青瓷、窑变釉瓷、瓷腰鼓……每一件都是那个时代的巅峰之作。它们不仅在岭南独占鳌头，也在中国古代陶瓷艺术史中留下了浓墨重彩的一笔。

◆ 青红双珠并现

化学原理告诉我们，釉料中的铜是以铜离子的形式存在，而铜离子极其不稳定，高温煅烧过程中，在氧化气氛中呈现青色，而在还原气氛中呈现铜红色。对当时的窑工而言，正面临新技术的冲击，对釉色的控制，无疑是一项重要的考验。然而，宋元时期的广西匠人凭借着精湛的技艺和不懈的努力，成功烧造出精美典雅的翠绿青瓷。这一创举不仅超越了同时期南方青瓷的工艺技术，更成为划时代的标志。

可惜的是，在这辉煌成就的背后，还有一项同样伟大的瓷器工艺的创举，却沉没于历史长河之中而不为后人所知，那就是宋元时期广西的高温铜红釉。

永福窑田岭窑铜绿釉和铜红釉瓷器

　　铜红釉，是一种特殊的窑变釉色。在古代，红色瓷器常被窑工当作异色，视为不祥之物，一旦出现，往往会被打碎埋于地下。据《清波杂志》记载："饶州景德镇，陶器所自出，于大观间窑变，色红如朱砂。谓荧惑缠度临照而然，物反常为妖，窑户亟碎之。"2010年，在永福窑田岭窑的发掘中，人们在废品堆积中发现了10多枚集中分布的铜红釉瓷片。这些瓷片刚出土时，釉色呈现出极致的鲜艳猪肝红，闪耀着玻璃般的光泽，高贵而典雅。这些碎片被考古工作者收集拼对，正好组合成一件比较完整的全红铜红釉产品，遗憾的是，缺少几枚碎片，以致未能完整呈现原物惊艳的红色质感。

　　在民间，红色或许被视为异色，但在帝王之家，却是高贵的象征。在宋代，红釉产品是稀缺之物，因为当时技术的不成熟使得它们无法成为市场上的常态化商品。偶尔烧造出的铜红釉产品，也会被作为珍品进贡。窑工如若私藏红釉器，可能面临株连九族的危险。因此，一旦瓷产品中烧造出红釉器，或许不是幸运，而是一场灾难。正是基于这样的历史原因，永福窑田岭窑出土的铜红釉产品中，全红色的较少，更多的是带有铜红斑的瓷器。即使是全红的铜红釉产品，也都是破碎器，均为残片，或半边或碎片。2002年，在永福窑徐水冲窑口调查时，考古工作者采集到的半边铜红釉碗，也是如此特征。

有学者依据文献考证认为，这些铜红釉产品的破碎是窑工有意为之。因此，窑田岭窑烧造出来的高贵雅致的红色瓷器，最终未能完整面世，而是与众多废弃品一同长眠于地下。直至21世纪之初，这些珍贵的瓷器才被世人所了解。

◈ 以假乱真的"影青瓷"

除了青釉瓷器，宋元时期广西还大量生产青白瓷，影青瓷则是青白瓷中的王者。影青瓷初创于景德镇，是青白瓷中的精品，其薄壁薄釉，青白淡雅，明澈丽洁，胎坚致腻白，色泽温润如玉，有"假玉器"之称。宋代广西影青瓷的生产，主要集中于中和窑。与景德镇影青瓷相比，中和窑的产品质量之高，可以达到以假乱真的程度，需要通过科技手段分析成分，才能确认其生产窑口。

影青瓷不仅体现出釉色和造型的极致美感，还体现出装饰工艺天然自成之美。中和窑的影青瓷主要采用模印花装饰技法，纤细饱满的线条与圆润的器型浑然一体。特别是那些繁复的线条，代表着高超水平的模具雕刻工艺，将大自然中的花鸟虫鱼雕刻得栩栩如生。无论是高贵典雅的牡丹、清雅傲骨的连枝菊花、花团锦簇的芙蓉，还是水中自由遨游的游鱼、波涛汹涌中的海兽，都被窑工巧妙地刻划在瓷器之上。精雕细琢中，窑工刻出了自然万物与繁华盛景，刻出了大宋的繁荣，更刻出了"大航海时代"海外贸易的磅礴气势。

◆ 静江腰鼓声震中国

静江腰鼓，这一名称出自宋人周去非的《岭外代答》："静江腰鼓，最有声，腔出于临桂县职田乡"。静江即今天的桂林，是南宋时期广南西路治所。静江腰鼓产于广西何地其实并不重要，其作为已有文献记载的宋代广西唯一的瓷产品，是当时广西文化元素的杰出代表。考古发掘证实，瓷腰鼓的生产不仅见于青釉体系，也见于青白釉体系，造型基本一致，以青釉腰鼓更具代表性。

考古资料表明，全州江凹里窑为宋代最早烧造腰鼓的窑口，但这里所产的腰鼓厚胎厚釉，不够轻便。桂林东窑是有文献记载的腰鼓产地之一，而永福窑田岭窑，则是已发掘出土腰鼓数量最多的窑口。2010 年，窑田岭窑考古发掘出土大量大小不一、类型各异的瓷细腰鼓，至 2024 年已修复 170 多件。因此，把窑田岭窑称为宋元时期中国的"腰鼓之都"，一点也不为过。

窑田岭腰鼓有两种形态，一种为长喇叭口状，一种为半圆形状，釉色有青釉、酱釉、灰白釉。腰鼓上的"油画红花"装饰技巧，风格融入了磁州窑绘画技术元素。窑工将磁州窑国画风格的装饰技巧移植到腰鼓装饰中，用红色釉料绘画出草、叶、花等图案，经烧造后形成墨彩，画风随意简单却又不失韵味。而器表罩上的一层青釉更是点睛之笔，使得墨色彩绘在浓厚青釉釉色下若隐若现，散发出一种厚重而神秘的氛围，尽显仪式感。

窑田岭出土的腰鼓

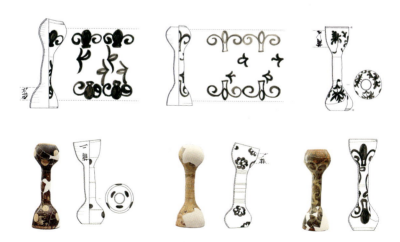

窑田岭窑腰鼓上的"油画红花"装饰

如果说北方的瓷腰鼓尽显奢华之风，那么窑田岭腰鼓则主打神秘感。正因如此，有学者认为广西瓷窑烧造腰鼓可能与地方古巫（傩）礼仪活动有关。广西作为少数民族聚集地区，长期以来形成了自己独特的信仰传统，至今在壮族等少数民族的文化习俗中，仍保留有巫文化的印记。在广西传统民间活动"师公跳大神"中，腰鼓（蜂鼓）具有举足轻重的地位，既是重要的伴奏乐器，又是法具，素有"蜂鼓不响不开坛""以鼓为戒行三罡"的说法。

象州民俗活动（赖明忠供图）

宋代广西窑口纷纷烧造腰鼓并非偶然，应该是腰鼓本身符合广西各族人民的审美需求所致。在金秀瑶族地区，不仅自古以来有腰鼓文化传承，还有腰鼓制作技术的传承，不过当地所制作的主要为木质腰鼓。就音质而言，木质腰鼓比较沉闷，而瓷腰鼓音质更加清脆，且极具穿透力。《岭外代答》记载，宋代广西腰鼓"合乐之际，声响特远，一二面鼓，已若十面"，而且桂林一带"其土特宜乡人作窑烧腔"，因此瓷腰鼓虽然是外来瓷器，但在宋代广西不仅没有被排斥，甚至还被发扬光大，成为当时广西的标志性产品，并传承至今。例如，永福三皇清水窑和柳城一带的元明时期窑址中也发现了腰鼓，且至今广西仍烧造陶腰鼓，说明这一传统从未断绝。

永福清水窑元代腰鼓残片

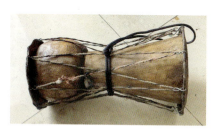

防城港瑶族木腰鼓（防城港市博物馆供图）

容县民国窑址烧造的腰鼓（容县博物馆供图）

广西腰鼓文化传承

有意思的是，在窑田岭窑出土的宋元时期的瓷腰鼓中，常常可以看到腰鼓上写着窑工的姓氏名号，如"蒋小二""蒋四""蒋小六""何十一"等，而金秀瑶族自治县现存的一件陶腰鼓有"道光二十二年何氏制"的标记。道光时期的何氏名号与宋元的何氏名号，是否具有传承关系，我们不得而知，但其作为后世出现的陶腰鼓，追本溯源，或许与窑田岭窑的瓷腰鼓有着千丝万缕的联系。

窑田岭窑腰鼓上的窑工姓氏

古今腰鼓传承（左为窑田岭宋代腰鼓，右为现代壮族蜂鼓）

扫码获取更多资源

明清时期：
不熄窑火照耀边疆繁盛

　　明清时期，广西的瓷业生产呈现出鲜明的地域特色和时代特征。桂东北和桂中区域明显衰落，只能生产底层百姓所需的粗陶瓷。而北流河流域和沿海沿边区域，在宋元瓷业生产技术上再续辉煌，并向海外输出。这一时期广西瓷业的发展历程，不仅见证了边疆地区本土文化与中原文化的交融与碰撞，更展现了广西人民在逆境中不屈不挠、勇于创新的精神风貌。

逆境谋变，转型破局

◆▶◀◆

在明清时期，广西瓷业处于生产低谷，宋代窑口林立、瓷业繁荣的景象不复存在，加之明清海禁政策的推行，给依赖海外市场的民间瓷业贸易带来了沉重打击。尽管海禁虽只针对民间贸易，官方贸易依旧活跃，如郑和下西洋，便是明代官方远洋航行开展商贸活动的明证。然而，这种官方垄断的贸易，却使得民间瓷业失去了往日的活力，尤其是南方那些长期以来依赖外销瓷生存的瓷器生产商，更是遭受了致命一击。

与此同时，自元代之后，瓷业生产的变革也在悄然进行。一方面，产品类型发生了显著变化，单色釉逐渐退出历史舞台，取而代之的是青花、青花釉里红等颜色釉的兴起。尤其是青花釉料，在元末明初，依靠进口的苏麻离青钴料，资源和生产被官方掌控，形成了官方垄断的生产格局，难以在民间普及。另一方面，元代在景德镇设置了官方瓷业生产督导机构，掌控瓷业生产命脉，造成瓷业生产中心转移至景德镇和浙江龙泉的局面。而瓷业中心的转移，导致南方民间瓷业无法与中心区瓷业产品竞争，加上缺乏相应的技术支持，民间瓷业生产衰落趋势不可避免，广西也不例外。在元末明初，由于资源的垄断性，民间无法生产出优质的青花瓷等，因此与青花瓷并列的龙泉窑青瓷，便成为各地仿烧的热门对象。

尽管面临重重困难，广西瓷业却并未完全沉沦。海禁政策虽然打击了民间外销瓷的生产积极性，但也促使广西瓷业寻求新的出路。凭借临边和临海优势，广西瓷业在沿海沿边加重了生产布局。这一举措不仅盘活了明清广西瓷业，还点亮了边贸经济，把中国历史文脉夯筑于边疆。通过边境贸易，明清广西瓷业迎来新的辉煌，不仅促进了边疆地区的经济发展，还维护了社会稳定和民族团结。

相对于内陆地区，明代广西在沿海沿边区域的瓷业生产则呈现出一片繁荣景象。北海、崇左、百色等地延续了元代以来的瓷业生产传统，并部分仿烧龙泉青瓷以满足市场需求。这些瓷器不仅在内陆交易市场受到欢迎，还通过越南等渠道走向海外。这种盛况一直延续至清代，直至浦北小江窑的青花瓷生产崛起，达到明清广西瓷业的巅峰。清代晚期兴起的钦州坭兴陶更是广西陶瓷史上的巅峰之作，成为"中国四大名陶"之一，尤以其诗情画意的文字装饰凸显文人气息。

沿海沿边地区的瓷窑所烧造的青瓷产品，具有明显的传承共性。在窑炉结构方面，这些地区的瓷窑既有斜坡式平底龙窑，又有斜坡阶梯底平台式的阶梯窑，如防城港茶冲窑和南宁三岸窑便是典型代表。从技术传承的角度来看，阶梯窑并非广西本地传统窑型。自西汉广西出现规模化陶器生产以来，马蹄窑和斜坡式平底龙窑一直是主流。宋元以来，斜坡式平底龙窑更是

浦北小江瓷及瓷器纹饰

钦州坭兴陶（陈禹添供图）

占据了主导地位，尽管偶尔也能见到个别分室龙窑，但并未改变整体格局。马蹄窑更多用于烧造砖瓦，而非瓷器。因此，广西沿海沿边地区的斜坡式平底龙窑应与本地瓷业根基相关，而阶梯窑则很可能是受到福建等地技术的影响而发展起来的。

在瓷器造型方面，广西沿海沿边地区出现了大量仿烧龙泉青瓷的产品，如平折沿的盘。但这类瓷器的施釉方式与本土烧造瓷器风格一致，采用了透明釉，而非龙泉青瓷的不透明厚釉，偶尔还能见到装饰有褐色彩绘的瓷器，这是典型的广西本土文化风格。而其他所见的碗、罐、壶等，也与广西本土宋元瓷器造型相似。仿烧龙泉青瓷的风气，早在南宋晚期的严关窑，以及元初的柳城窑、北流岭垌窑，就已经开始了。如岭垌窑碗内常见堆塑的典型龙泉青瓷双鱼纹；而严关窑和柳城窑，虽然未

南宁三岸明代阶梯式窑炉

见堆塑的双鱼，但平折沿的碗盘十分接近龙泉青瓷，釉色也接近，均为不透明厚釉厚胎。相比之下，沿海沿边地区仿烧的仿龙泉青瓷，釉色更接近本土釉色。由此看来，宋元时期广西的仿龙泉工艺已经呈现出本土化的趋势。

在瓷器装饰方面，广西沿海沿边地区瓷产品上常见条带状褐色彩绘，这种装饰风格在北海上窑、龙州上金窑等地尤为常见。北海上窑的彩绘罐，不论是装饰风格还是产品造型，都与桂北区域宋代生产的瓷器有相似之处，如在永福窑田岭窑，也常见褐色条带彩绘罐和腰鼓等瓷器。广西沿海沿边地区这种褐色彩绘的装饰风格，与湛江雷州窑、泉州磁灶窑、广州西村窑产品的亦有相似之处，但这些窑口所生产的褐色彩绘装饰瓷产品，其釉色与广西的略有差异。因此，可以推断这类装饰风格应该与宋元时期桂北区域的青瓷彩绘装饰有着更为直接的联系。

由此我们可以进一步推测，自元代以来，虽然桂北区域瓷业生产衰落，不再大量生产瓷产品，但并未完全中断对本地瓷业生产根基的传承，而是在传承的基础上，积极地吸收外地技术进行创新，从而赋予了瓷业生产新的生命力和延续性。这种传承与创新的精神在广西沿海沿边地区的瓷窑中得到了充分的体现。

广西沿海沿边地区瓷窑的出现，并非一蹴而就，必然与本地或中国其他地方瓷业的传承相关。自西汉在合浦设置海上丝绸之路始发港以来，北部湾一带的对外贸易就成为经济发展的最大助力，陶瓷器生产也在此区域生根发芽。如合浦草鞋村窑址，出现烧造砖瓦的马蹄窑，而以英罗窑为代表的唐代窑址群在宋代也生产青白瓷，这些都是这一地区瓷业发展的见证。除

宋代永福窑田岭窑出土的瓷器　　　　　　　　　宋代桂林东窑出土的瓷器

龙州上金窑出土的瓷器　　　　　　　　　　北海上窑出土的瓷器

广西宋、元、明瓷器装饰风格传承（青釉褐色彩绘）

当地自行开窑烧瓷外，早在宋代早期，政府就已经在沿海或沿边地区开设博易场，进行陶瓷器等商品的交易。钦州博易场就是当时最大、最繁荣的主要针对与越南边境贸易的榷场，因此沿海一带常见宋代瓷产品。防城港的皇城坳遗址和洲尾遗址，均出土大量宋代瓷器，包括福建的黑釉瓷器，还出土了大量元末明初仿龙泉窑青瓷，其中既有浙江龙泉青瓷，也有广东仿龙泉青瓷，更有越南仿烧的龙泉青瓷和宋元时期的越南青瓷。防城港洲尾是广西已发现的涉及瓷产品贸易的主要地点。实际上洲尾一带海岸线沙滩中，发现有汉晋时期的陶瓷器，而唐代潭蓬运河和皇帝沟运河的通航，更是促进了本区域瓷业的交易与发展。左江一带也是如此，如 2007 年，崇左市江州区发掘出土一处宋代旧车渡窑址。右江盆地在宋代更是瓷业兴盛，现已发掘多个窑址，主要集中在平果、田东、田阳。

这些发现充分证明，明清时期广西沿海沿边地区的瓷业繁荣有着深厚的历史根基。尽管在宋元时期，沿海沿边地区不是广西主要的瓷产品生产区，但在明清时期，这里在传承既有瓷业根基的基础上，积极吸收了外地技术进行创新与发展，终于迎头赶上，成为明清瓷器生产主力军，映照出边疆瓷器生产和贸易的繁荣发展。

广西明清时期瓷窑考古成就

◆▶◀◆

近年来，广西文物保护与考古研究所联合多方力量，在北部湾沿海及内陆地区深入调查，新发现多处明代瓷窑及清代窑址。同时，对龙州、柳州、藤县等地的窑址进行复核，确认了更多明清时期陶瓷窑的存在，并在桂林上窑发现烧造明清陶瓷器和琉璃建筑材料的证据，为广西古代窑业研究增添了宝贵资料。接下来，我们将详细介绍几个具有代表性的窑址，它们不仅是广西明清时期窑业的重要见证，也是中国古代陶瓷文化不可或缺的组成部分。

◆ 北海上窑

北海上窑位于北海市合浦县福成镇，出土的产品胎质以灰白胎为主；釉以青黄釉为主，也有青灰釉；类型有瓮、罐、碗、壶、盆、灯、筷筒等日用生活器物，特别是烧造的褐色彩绘的青釉军持，属于明确外销瓷特征；装饰以素装为主，部分有海鸟纹、蜜蜂纹、缠枝纹、图案化云雷纹、水波纹、草花纹等，产品出土有"嘉靖二十八年"的纪年器，判断上窑始烧于明嘉靖年间。

明清时期：不熄窑火照耀边疆繁盛

北海上窑近景（陈启流供图）

北海上窑出土的瓷器碎片

 古窑址的余温

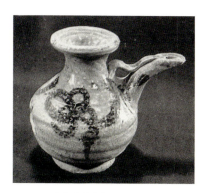
专供外销的青釉彩绘军持

刻有"嘉靖二十八年"的纪年器

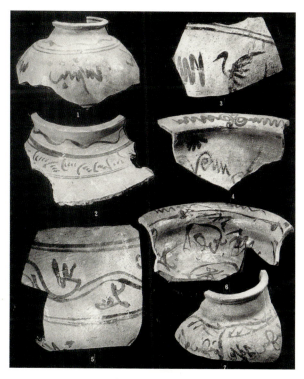
各纹样的青瓷碎片

北海上窑出土的瓷器

◆ 龙州上金窑

　　龙州上金窑位于崇左市龙州县上金乡中山村和上金村活灵屯，地处左江东岸阶地。窑址沿江分布，分布范围南北长约500米、东西宽70～80米。在2021年首次考古发掘中出土窑炉7座、房屋建筑3处、灰坑68座、灰沟1条、灶3座。出土瓷产品多为青瓷碗、盘、盏、碟、罐、盆，另见青瓷杯、灯盏、匜、擂钵、甑、灯座、香炉、动物俑等；产品质地略粗糙，造型厚重，胎厚釉薄，釉质大部分呈色一般，玻璃质感不强，少量仿龙泉窑产品质感强，釉色温润；装饰的褐彩多为点彩，彩绘"十"字纹次之，另有若干卷草纹、漩涡纹、莲花纹、鱼纹。上金窑烧造时代始于元代晚期，明代早期废弃。

上金窑风光

古窑址的余温

发掘中的上金窑址龙窑

上金乡遍地的瓷器碎片

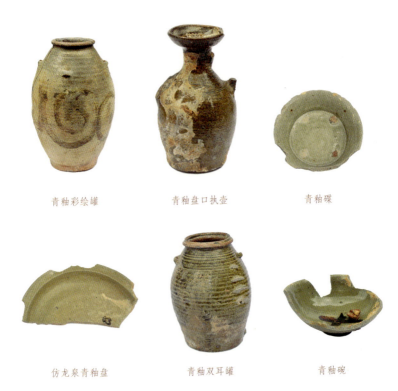

青釉彩绘罐　　　　　　青釉盘口执壶　　　　　　青釉碟

仿龙泉青釉盘　　　　　　青釉双耳罐　　　　　　青釉碗

上金窑址出土的瓷器（杨清平供图）

◆ 百色林屋窑

　　林屋窑位于百色市右江区龙景街道逻索村匠架屯到莲塘村林屋屯之间，地处右江北岸的一级阶地。2019—2020年，考古发掘共清理出窑炉、灰坑、灰沟、柱洞等遗迹134处，其中窑炉2座。出土器物以瓷器为主，按釉色可分青瓷、白瓷、酱釉瓷等，也烧造釉陶；瓷产品有碗、盏、盘、碟、灯盏、盆、罐等日用器皿，及少量三足炉、熏炉盖、围棋子等祭祀、陈设、文娱用品。釉陶器以各式罐、壶、盆为主，窑具有抵手、轴顶帽、印模等。初步判断，林屋窑烧造始于元代，明代早中期为繁荣期，明代晚期废弃。

林屋窑周边环境及废品堆积

林屋窑出土的陶瓷器（韦莉果供图）

林屋窑出土的青瓷碎片

◆ 防城港茶冲窑

茶冲窑位于防城港市防城区茅岭镇，是一处清代早期的古窑址。考古发现窑炉1座，为砖砌龙窑，沿河边山坡而建，呈长条形，自下而上3层台阶。烧造产品类型有青瓷、褐彩青瓷、酱釉瓷等；器型以碗为主，兼烧有杯、盏、壶、碟、砚台、罐、香炉等，还出土有多个用于测试窑温的圆孔瓷片——火照。

茶冲窑地貌环境

茶冲窑窑炉

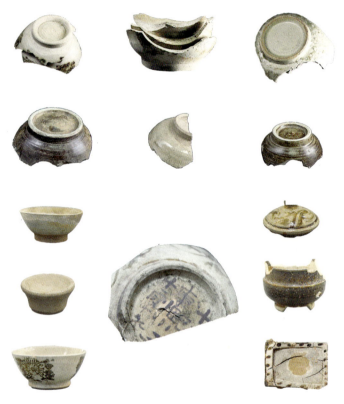

茶冲窑出土的瓷器及碎片

◆ 上思窑头窑

上思窑头窑位于防城港市上思县在妙镇那苗村东侧窑头山，地处明江东北岸。窑头窑出土产品以青釉瓷为主，部分为褐彩青瓷器，胎质较粗糙，胎色多为青灰，器型以壶、罐为主，另有盆、碗、杯、盏、烟斗等，均为日用器。部分饼足器物底部

窑头窑周边环境及废品堆积

有垫砂痕迹，圈足器物内底有涩圈，为仰面叠烧制成。窑具仅发现垫泥。器物既有施满釉，亦有施半釉仅至器物下腹部。主要产品如盆、瓷烟斗和罐与北海上窑窑址出土的产品相似。窑头窑烧造时代应为明代早中期。

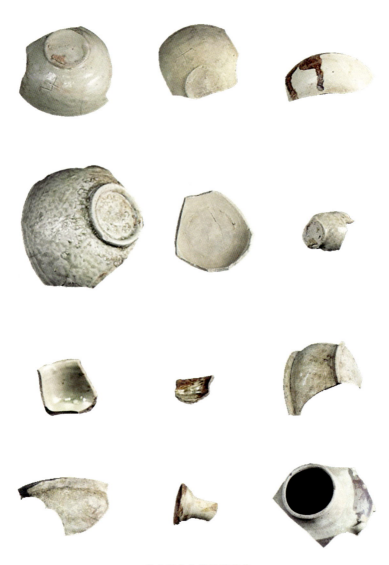

窑头窑出土的瓷器碎片

小江瓷：重拾最后的辉煌

◆ ▶◀ ◆

　　青花瓷的兴起，是明清时期广西瓷业发展的又一亮点。明清时期，随着青花料国产化，民间开始烧造青花瓷，其中以景德镇最为著名。在明末清初，民窑烧造青花瓷的技术达到顶峰。在此背景下，广西的青花瓷窑也如雨后春笋般涌现出来，浦北小江瓷就是其中的代表。小江瓷的重要技术特征是引入了涩圈叠烧法，这一创新不仅改变了过去的支钉叠烧法，还使得青花瓷的造型和装饰开始呈现出本土化的特色，在吸收消化景德镇青花瓷烧造技术的基础上，广西的青花瓷逐渐形成了自己的风格，并向四周扩散，如北流河流域的北流市和容县，都纷纷生产起了青花瓷器。据传，清代北流河流域的陶瓷业"延袤百余里，民窑二百区，工匠人数不下万人"。康乾时期，北流市继续在原有的岭垌窑烧造青花瓷器，窑炉接近 100 座。同时，在北流市周边的蟠龙地区也出现新的窑群，盛时有 30 多座龙窑。这一时期，北流市青花瓷的烧造规模和总量已经可以与宋代鼎盛时期比肩，甚至在某些方面还超过宋代，这也为北流市现代瓷业的发展奠定了历史基础。

除北流河地区外，向西的宾阳和凌云等地在清代也大量烧造青花瓷，向南的防城港在清代康熙时期开始烧造青花。这一时期各地窑口生产的青花瓷产品基本一致，均受到浦北小江瓷的影响，器胎较厚，类型单一，造型不够优美，青花釉色晦涩，描绘的牡丹、菊花、卷草、草叶、动物形等纹样，都呈现出一种粗枝大叶、随意写实的风格，缺乏景德镇产品精细的线条设计和严谨的图案布局。这其实也从侧面反映出明清时期青花风格已经形成了大一统的局面，广西各地出土的本地窑口的青花瓷器也印证了这一点。

明清时期广西的瓷业生产呈现出了鲜明的地域特色和时代特征。桂东北和桂中区域明显衰落，只能生产底层百姓所需的粗陶瓷。而北流河流域和沿海沿边区域，因受到福建、浙江、江西等先进地区的影响，在宋元瓷业生产技术的基础上再续辉煌。这些地区生产的高质量青瓷和青花，成为市场主流，并向海外输出，成为当时瓷业生产的佼佼者。这一时期广西瓷业的发展历程，不仅见证了边疆地区本土文化与中原文化的交融与碰撞，还展现了广西人民在逆境中不屈不挠、勇于创新的精神风貌。

后记

当这本书的最后一个字敲下，我的心中满是感慨。这本书从构思到完稿，历经了许多日夜，此刻终于可以呈现在读者面前。

广西，这片神奇而广袤的土地，在过去的无数岁月里，都背负着"南蛮之地"的误解。为了揭开它真实的面纱，考古工作者踏上了充满挑战的征程。作为其中的一员，我也曾多次深入广西的崇山峻岭，深知这份工作的艰辛。在茂密的山林中，每前行一步都要披荆斩棘，汗水湿透了衣衫，却浑然不觉。陡峭的崖壁如同巨大的屏障，考古工作者手脚并用，小心翼翼地攀爬，稍有不慎就可能滑落。进入洞穴，黑暗与未知扑面而来，狭窄的通道让人只能匍匐前行，刺鼻的气味弥漫在空气中，但他们的眼神中始终闪烁着坚定的光芒。

正是一代代考古工作者的不辞辛劳，才让广西的历史得以重见天日，让我们看到这片土地上文明的源远流长。

在撰写《古窑址的余温》一书时，我仿佛亲身踏入了历史的长河，与广西这片古老而充满魅力的土地展开了一场跨越时空的深刻交流。我看到了甑皮岩先民第一次烧制"陶雏器"时的专注神情，感受到了秦汉时期民族融合在陶器上留下的痕迹。

后记

三国两晋南北朝，陶瓷技术的变革见证了时代的进步；隋唐五代，瓷业竞争背后是文化的交流与传播；宋元时期，广西瓷业的繁荣展现了开放包容的魅力；明清时期虽有衰落，但窑火依然在沿海沿边地区绵延不熄。

穿梭于一处处窑址间，我深切体会到了历史的深邃与文化的厚重。那些散落的陶片、瓷器，不仅是物质文化的遗存，更是精神的象征，它们凝聚着广西先民的智慧结晶与辛勤汗水，见证了这片热土上无数次的创新与突破。我衷心期盼，这本书能够激发更多人对广西陶瓷文化的浓厚兴趣与深切关注，吸引更多人参与到文化遗产的保护与传承事业中来。

在此，我要感谢那些默默奉献的考古工作者，是他们用双脚丈量大地，用双手揭开历史，让这本书有了丰富的素材。愿这本书能成为一把钥匙，引领读者打开广西历史文化的大门，去感受那古窑址中尚存的余温，去聆听历史的回声。

每一件陶瓷器，都承载着一段历史故事；每一处窑址，都记录着一部广西先民的奋斗史；而一群窑址，则共同书写了一个时代的辉煌篇章。我们共同生活在这片富饶的土地上，拥有坚实的历史根基和深厚的文化底蕴。无论前方道路多么曲折，只要我们坚定信念、勇往直前，中华历史文脉必将绵延不绝，也必将绽放出更加耀眼的光芒。

何安益

2024 年 10 月

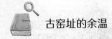
古窑址的余温